Ursula Heilmeier/Angelika Paintner

Religionsunterricht

informativ – kreativ – praktisch und mehr ...

Fantasievolle Ideen zu ausgewählten Themen des
Grundlagenplans katholische Religion in der Grundschule

1./2. Klasse

Mit Kopiervorlagen

Gedruckt auf umweltbewusst gefertigtem, chlorfrei gebleichtem
und alterungsbeständigem Papier.

1. Auflage 2011
Nach den seit 2006 amtlich gültigen Regelungen der Rechtschreibung
© by Brigg Pädagogik Verlag GmbH, Augsburg
Alle Rechte vorbehalten
Das Werk und seine Teile sind urheberrechtlich geschützt. Jede Nutzung in anderen
als den gesetzlich zugelassenen Fällen bedarf der vorherigen schriftlichen Einwilligung
des Verlages. Hinweis zu § 52 a UrhG: Weder das Werk noch seine Teile dürfen ohne
eine solche Einwilligung eingescannt und in ein Netzwerk eingestellt werden.
Dies gilt auch für Intranets von Schulen und sonstigen Bildungseinrichtungen.
Illustrationen: Rudi Heilmeier

ISBN 978-3-87101-**418**-5   www.brigg-paedagogik.de

Inhalt

Vorwort 4

1. Rahmenbedingungen 5
   1.1 Kreatives Religionsheft 6
   1.2 „Ich-Buch" 6
   1.3 Anfangs- und Schlussrituale 7

2. Herzlich willkommen im Religionsunterricht 10
   2.1 Willkommensfächer 10

3. Beten mit Psalmworten 12
   3.1 Psalmwortmobile 12
   3.2 Psalmenhaus 12
   3.3 Klassenpsalmwortbuch 13
   3.4 Psalmwortbändchen 13
   3.5 Psalmwortschatzkästchen 13
   3.6 Psalmwortklammer 13

4. Feste und Heilige im Kirchenjahr 14
   4.1 Kirchenjahreskreis 14
   4.2 Adventshaus 17
   4.3 Eine freudige Nachricht – eine Weihnachtsgeschichte im Rahmen ... 17
   4.4 Sie folgten dem Stern 17
   4.5 Jesus geht den Weg zum Kreuz – Karwoche 18
   4.6 Ostern – Jesus lebt 21
   4.7 Mit Heiligen auf dem Weg sein 21

5. Die Bibel erzählt von Gott und den Menschen 22
   5.1 AT – Josef auf seinem Lebensweg begleiten 22
   5.2 NT – Land der Bibel kennenlernen 25
   5.3 Menschen der Bibel kennenlernen 26
   5.4 Tiere und Pflanzen der Bibel kennenlernen 26
   5.5 Jesus im Land der Bibel 27
   5.6 Jetzt bin ich Bibelexperte 27

6. Materialien/Kopiervorlagen 28

Abkürzungen: Sch   Schüler, Schülerin
 L   Lehrer, Lehrerin
 GA   Gruppenarbeit
 UG   Unterrichtsgespräch
 EA   Einzelarbeit
 PA   Partnerarbeit
 AB   Arbeitsblatt
 HE   Hefteintrag

Vorwort

Religionsunterricht in der Grundschule steht im 21. Jahrhundert vor neuen Herausforderungen. Für viele Schülerinnen und Schüler stellt der Religionsunterricht eine Erstbegegnung mit Inhalten unseres christlichen Glaubens dar.

„In unserer pluralistischen Gesellschaft treffen sie auf unterschiedliche, religiöse und säkulare Antworten. Die letzten Fragen, die zum Menschsein gehören, und die religiöse Pluralität der Antworten bilden eine pädagogische Herausforderung, der sich auch die Schule stellen muss. Die Bedeutung religiöser Bildung wird deshalb in der gegenwärtigen Debatte zur Schulreform allgemein anerkannt."[1]

Empirische Umfragen, z. B. von Anton Bucher, zeigen, dass der Religionsunterricht bei Schülerinnen und Schülern in der Grundschule ein beliebtes Unterrichtsfach ist. Diese positive emotionale Stimmung der Kinder stellt eine große Chance für die Religionslehrerinnen und Religionslehrer dar. Es gilt diese aufzugreifen und in einem ganzheitlichen Religionsunterricht, in dem Schülerinnen und Schüler das Subjekt des Lernens sein dürfen, zu verwirklichen.[2]

Johann Heinrich Pestalozzi, der berühmte Schweizer Pädagoge, vertrat bereits um 1800 das Konzept einer ganzheitlichen Pädagogik mit „Kopf, Herz und Hand." Er intendiert damit einen Lernprozess, der eine gelungene Verbindung von Erkenntnisvermögen, Emotionen und Handeln verwirklicht.

In **„Religion – informativ – kreativ – praktisch"** stellen wir mit den Schlagwörtern des Titels gleichzeitig unseren inhaltlichen Schwerpunkt vor.
Orientiert am Grundlagenplan zum katholischen Religionsunterricht (hrsg. von der Zentralstelle Bildung der Deutschen Bischofskonferenz, 1998) haben wir exemplarisch wichtige Themen aus den Jahrgangsstufen 1 und 2 ausgewählt und mit einer Variation von kreativen Methoden in die Praxis umgesetzt. Viele praktische Gestaltungsideen laden dazu ein, unterrichtliche Vielfalt zu verwirklichen, den Kindern dadurch Zugang zu religiösen und lebensrelevanten Inhalten zu ermöglichen und so einen beginnenden Prozess des Glaubens anzustoßen und zu fördern.

Entdecken Sie Ihre eigene Kreativität, haben Sie den Mut, diese zu entfalten und entwickeln Sie Ihre persönlichen, ganzheitlichen Schwerpunkte. Dies kann ein guter Weg sein, mit Kindern Interessantes zu entdecken, nach Wichtigem zu fragen, Kreatives zu gestalten und spannendes Neuland zu betreten.

Wir wünschen Ihnen und Ihren Schülerinnen und Schülern dabei viel Freude.

Die Autorinnen

Ursula Heilmeier und Angelika Paintner

---

1 Die deutschen Bischöfe: Der Religionsunterricht vor neuen Herausforderungen, Bonn, 2005
2 Vgl. Anton Bucher: Religionsunterricht zwischen Lernfach und Lebenshilfe, Stuttgart, 2000

1. „Rahmenbedingungen"

Informativ:

Für einen gelingenden Religionsunterricht ist es unerlässlich, dass der Religionslehrer[1] sich auch mit der Thematik „Religionsheft" auseinandersetzt. Kreativität im Religionsheft stellt für viele Schüler eine Möglichkeit dar, ihre eigene Persönlichkeit in Texten, Bildern, Geschichten, ansprechenden Arbeitsblättern ... „zur Sprache" zu bringen. Die meisten Schüler arbeiten gerne an und in ihrem Religionsheft, dennoch benötigen manche Schüler Anleitung für eine ansprechende Gestaltung.

Im Folgenden geben wir einige, zum Teil sehr einfache aber hilfreiche Hinweise, die dazu beitragen können, dass Schüler und Lehrer das Religionsheft jederzeit gerne in die Hand nehmen. In der Familie kann ein ästhetisch gestaltetes Religionsheft eine Chance für gemeinsame Gespräche zu religiösen Themen bieten.

In vielen Religionsklassen hat sich das sogenannte **„Ich-Buch"** etabliert.
Das „Ich-Buch" kann ein Kladdenbuch im DIN-A5-Format oder ein doppeltes Heft sein. Es unterscheidet sich dadurch insbesondere vom Religionsheft, dass ein „Ich-Buch" meist über die gesamte Grundschulzeit von den Kindern geführt wird. Dieses sehr individuell, mit persönlichen Gedanken, Notizen, Zeichnungen und Bildern geprägte Buch wird vom Lehrer weder kontrolliert noch korrigiert. Es unterstützt so das gegenseitige Respektieren der Privatsphäre. Sehr hilfreich bei der Einführung eines solchen „Ich-Buches" ist eine Absprache in der Fachschaft Religion an der Schule, damit bei einem evtl. Lehrerwechsel eine kontinuierliche Fortführung gesichert ist. Erfahrungsgemäß bereitet es Kindern eine große Freude, die durchgehende Entwicklung ihrer Persönlichkeit über vier Jahre in so einem „Ich-Buch" ablesen zu können. Das individuelle Erleben von Zeit kann so gelungen mit biografischem Lernen verknüpft werden. Das „Ich-Buch" bietet den Schülern die Gelegenheit über Gott und die Welt nachzudenken.

Eine Religionsstunde fängt im Idealfall anders an und hört anders auf als eine Mathematikstunde.
Wer sich als Religionslehrer dessen bewusst ist, befindet sich auf dem richtigen Weg. Sehr hilfreich dabei sind überlegte **Anfangs- und Schlussrituale.**
Rituale strukturieren den Unterricht, rhythmisieren diesen und vermitteln den Schülern Sicherheit. Da Religionsunterricht heute meist nicht mehr im Klassenverband sondern in klassenübergreifenden oder sogar in jahrgangsübergreifenden Gruppen stattfindet, erleichtern Rituale auch den Gruppenbildungsprozess.
Dafür bieten sich dem Religionslehrer viele Möglichkeiten der eigenen Gestaltung solcher Rituale bis hin zur Übernahme von bereits eingeübten, gefestigten Ritualen der verschiedenen Klassen. Eine weitere Möglichkeit bietet der thematische Bezug, z.B. während des Themas „Abraham" die Beschäftigung mit dem Symbol „Weg".

---

[1] Um den Lesefluss nicht zu behindern, wird in dem vorliegenden Buch oft die maskuline Form der Personenbezeichnung verwendet. Die feminine Form ist damit selbstverständlich mitgemeint. Das trifft ebenso auf den umgekehrten Fall zu.

1.1 Kreatives Religionsheft

Kreativ:

- Das Heft

    - DIN-A4-Doppelheft kariert oder unliniert, ohne weißen Rand (bietet genügend Platz für kreatives Gestalten),
    - ein Heft (im Gegensatz zum Schnellhefter) erleichtert Grundschülern die konsequente Arbeit.

- Der Umschlag

    - DIN-A3-Blatt gestalten, z.B. „Religion" und Jahrgangszahl in großen Hohlbuchstaben schreiben, kleine Bilder der im Jahrgang bearbeiteten Themen und/oder ein Bild der zur Schule gehörenden Kirche daraufkopieren, Beispiele siehe auch **R 1**.
    - Sch gestalten Umschlagblatt selbst.
    - L schreibt Sch-Namen groß evtl. mit PC, Sch kleben diesen auf den Umschlag,

    ➢ hilft L beim Erlernen der Sch-Namen, weil diese von Weitem zu sehen sind.
    ➢ Individuell gestalteter Umschlag hat für die Sch einen großen Wiedererkennungswert. Das Religionsheft wird so nicht mit anderen Heften verwechselt.
    ➢ Ein liebevoll gestalteter Umschlag des Religionsheftes macht Lust, dieses in die Hand zu nehmen!
    ➢ Eine durchsichtige Schutzhülle für das Heft bewährt sich sehr.

- Der Inhalt

    - Die erste Seite im Heft besonders gestalten **R 2**.
    - DIN A4 kopierte Arbeitsblätter mit einem (ansprechenden) Rahmen versehen und auf Heftgröße zuschneiden.
    - Eingangsseiten zu den einzelnen Themenbereichen besonders gestalten (Titel des Themas als große Überschrift, dazu Bild oder Symbol gestalten lassen oder Bilder aus Zeitschriften dazukleben ...).

    ➢ Werden im Heft nur Holz- oder Wachsstifte verwendet, drücken diese nicht auf die nächsten Seiten durch.

1.2 „Ich-Buch"

Das bin ich

- Sch malen sich selbst oder kleben ein Foto von sich ein.
- Sch suchen Infos über die Bedeutung ihres Vornamens, sie schreiben diesen kalligrafisch ansprechend.
- Sch malen eine Figur als Umriss und schreiben mit farbigen Stiften hinein, was sie gut können oder mögen und mit einem schwarzen Stift, wovor sie Angst oder Bedenken haben. Sch wählen aus verschiedenen Psalmversen die für sie passenden aus **R 3** und kleben diese dazu.

1. „Rahmenbedingungen"

- Sch denken über sich und ihre Sinne nach und gestalten Ich-AB farbig **R 4**.
  Sch kleben ein zweites AB aus Transparentpapier deckungsgleich darüber und beschriften dieses, z. B.:
  Auge: Ich achte heute besonders auf …
  Ohr: Ich überhöre heute nicht, wenn …
  Fuß: Ich begleite heute …
  Mund: Ich lobe heute …
  Herz: Ich denke heute besonders lieb an …
  Hand: Ich helfe heute …
  Nase: Ich freue mich heute über den Wohlgeruch …

Meine Familie und ich

- Sch malen ihre Familie, evtl. Foto.
- Sch schreiben über Wochenend- oder Ferienerlebnisse.
- Sch kleben Eintrittskarten, Postkarten, Fotos ein.

Das berührt mich

- Sch sammeln Sätze, Sprichwörter, Gebete, Bilder, die sie berühren.
- L bietet Lieder, Gebete, Psalmverse, Texte, Bilder an, die die Sch nach Bedarf in ihrem „Ich-Buch" verarbeiten.
- Einen Brief an Gott schreiben, in dem Lob, Dank, Zweifel, Klage … sein darf; diesen in einen Umschlag geben, versiegeln und ins „Ich-Buch" einkleben.
- Sch formulieren eigene Gebete.

Unterricht, Feste und Feiern

- Sch arbeiten zu Festen im Kirchenjahr mit Bild-, Text-, Liedmaterial.
- Sch schreiben einen Brief an einen Heiligen oder an eine Person einer biblischen Geschichte, von der/dem im Unterricht die Rede ist.
- L fotografiert ein gelungenes Bodenbild mit einer Digitalkamera, Sch kleben dieses ein und schreiben einen persönlichen Gedanken dazu.

1.3 Anfangs- und Schlussrituale

Rituale zum Stundenbeginn

- Mitte gestalten mit Tuch/Tüchern und einer Kerze.
- Sch kommen auf ein optisches/akustisches Signal in den Kreis.
- Sch werden leise bei ihrem Namen gerufen.
- Sch legen ihren Kopf auf die Bank, L berührt Sch evtl. mit einer Feder oder einem weichen Gegenstand und „ruft" sie dadurch in den Kreis.
- L schlägt eine Klangschale/Zimbel/Klangspiel … an, Sch hören zu bis der Ton verklungen ist.
- Gemeinsames Gebet im Kreis.

- L bietet auf Wortkarten Satzanfänge an, z. B.:
  Es geht mir heute gut, weil ...
  Ich freue mich über ...
  Ich bin heute traurig, weil ...
  Ich habe Angst vor ... **(R 5)**
- Sch geben einen „Erzählstein" im Kreis herum und berichten freiwillig den Mitschülern über ihre Befindlichkeit.
- Sch nehmen aus einem Korb mit bunten Glassteinen einen heraus, erzählen vom Wochenende und legen den Stein auf ein Mittetuch.
- Sch und L beginnen die Stunde mit einem bekannten Lied/Liedruf/Kanon/Gebet/Vaterunser mit Bewegungen.
- L fertigt eine Gebetsschatzkiste an (Holzkiste aus dem Baumarkt, ansprechend verzieren, mit Goldfarbe bemalen, mit Glassteinen bekleben ...).
  Psalmverse, Lob-, Dank-, Klage-, Morgen-, Segensgebete auf verschieden farbige Tonpapiere schreiben und die Sch zu Stundenbeginn ein Gebet aussuchen lassen. L bereitet einige vor, Sch ergänzen die Schatzkiste mit eigenen Gebeten oder ihren Lieblingsgebeten.

Rituale zum Stillwerden – mit verschiedenen Materialien

Kerze
- Sch geben ohne Worte die entzündete Kerze im Kreis weiter, sie achten darauf, dass die Flamme möglichst wenig flackert.

Wasserschale
- L stellt eine eckige Glasschale gefüllt mit Wasser auf den OHP. Er gibt einen Tropfen blaue Tinte ins Wasser. Sch verfolgen dies evtl. zu ruhiger Musik.
  Alternativ: L gibt verschiedenfarbige Tintentropfen ins Wasser.

Rose von Jericho
- L übergießt eine „Rose von Jericho" mit Wasser, Sch beobachten, wie aus der dürren Rose von Jericho eine grüne Pflanze wird.
  Nach dem Trocknen kann diese jahrelang im Schrank bis zu ihrem nächsten Einsatz aufbewahrt werden.
  (Heißes Wasser beschleunigt den Vorgang; die Rose von Jericho ist eine Wüstenpflanze, die z. B. in „Eine-Welt-Läden" oder in Blumengeschäften zum Preis von ca. 4,00 € erhältlich ist.)

1. „Rahmenbedingungen"

Chiffontücher
- Sch erhalten verschiedenfarbige Chiffon- oder Jongliertücher und knüllen je eines fest in ihre geballten Hände. Nacheinander öffnen die Sch ihre Hände und legen ihre aufblühende Chiffonblume in den Kreis. Sch betrachten in Stille das entstehen einer „Blumenwiese".

Holzschale mit Murmel
- L hält eine große flache Holzschale in den Händen. Er gibt einer großen Murmel Schwung und lässt diese in der Schale kreisen, bis diese in der Mitte zum Stillstand kommt.

Holzreif
- L dreht einen hölzernen Gymnastikreif auf dem Boden um seine eigene Achse, Sch schauen zu, bis dieser zum Liegen kommt.

Labyrinth 1
- Sch erhalten eine Kopie des Labyrinths von Chartres **R 6** in einer Prospekthülle DIN A4.
  L hält eine Pipette mit tintengefärbtem Wasser bereit (erhältlich in Apotheken, für ein kleines Fläschchen genügen 3–4 Tropfen Tinte).
  L tropft jedem Schüler auf den Eingang seines Labyrinths einen Tintenwassertropfen. Sch „begehen" mit ganzer Konzentration durch leichte Bewegungen ihres Blattes, evtl. zu ruhiger „Labyrinth-Musik", mit ihrem Tropfen die Gänge ihres Labyrinths.

Labyrinth 2
- Sch konstruieren nach **R 7** selbst ein Labyrinth auf Papier in ihr „Ich-Buch", in eine „Efa-Plast-Masse", mit Klebestift und Wollfaden, mit Klebeband oder Kreide im Schulhof.
- Sch formulieren ein Labyrinthgebet mit dem vorgeschlagenen Satzanfang (kann ins „Ich-Buch" geklebt werden).

Rituale zum Stundenende

- L achtet auf einen rechtzeitigen Stundenabschluss.
- L beendet die Stunde mit einem gemeinsamen Segensgebet **(R 8)**.
- L schlägt Klangschale, Klangspiel, Zimbel … an, Sch hören in Stille den Ton verklingen.
- L verabschiedet die Sch an der Zimmertür mit Handschlag, einem guten Wunsch für den Tag.
- Sch stellen sich im Kreis auf und wünschen sich gemeinsam einen guten, erfolgreichen Tag.
- Reflexion über die vergangene Stunde;
  L bietet Wortkarten als Gesprächsanstoß, z. B.:

Beeindruckt hat mich heute …
Gestaunt habe ich heute über …
Neu war für mich …
Ich frage mich …
Wichtig finde ich, dass … **(R 5)**

2. Herzlich willkommen im Religionsunterricht

„Und jedem Anfang wohnt ein Zauber inne. Der uns beschützt und der uns hilft, zu leben." (Hermann Hesse, „Stufen")

Informativ:

Der Zeitpunkt der Einschulung ist im Leben eines Kindes ein bedeutendes Ereignis. Der Übergang vom Kindergarten zur Grundschule verändert den Tagesablauf eines Kindes und seiner ganzen Familie grundlegend. Es ist eine Zeit des Abschieds und gleichzeitig des Neubeginns. Die fünf- bis sechsjährigen kommen in den allermeisten Fällen mit Freude, Lernbereitschaft und Wissensdurst in eine neue Umgebung, an einen Ort des gemeinsamen Lernens und Lebens. Sie sind neugierig auf den Lernraum Schule, auf Lerninhalte und auf Begegnungen und Freundschaften innerhalb der Schulfamilie. Diese natürliche Neugier gilt es, mit ganzheitlichen Methoden aufzugreifen und kindgerecht weiterzuentwickeln.

„Die größte Schande der Pädagogik ist, dass wir aus neugierigen, tatenlustigen Kindern Stillhalte- und Mitschreibeschüler machen." (Hartmut von Hentig zit. in Mendl 2008, S. 216)

Die Aufgabe der Religionspädagogik ist es, Kinder mit den vielfältigen Formen gelebten Glaubens in der Schule bekannt und vertraut zu machen, und dabei die individuellen Lernvoraussetzungen der Kinder in den Blick zu nehmen. Der Religionsunterricht stellt im 21. Jahrhundert für manches Kind eine Erstbegegnung mit religiösen Inhalten dar und leistet einen wesentlichen Beitrag zur individuellen Identitätsentwicklung, er „soll zu verantwortlichem Denken und Verhalten im Hinblick auf Religion und Glaube befähigen", er „weckt und reflektiert die Frage nach Gott" (Der Religionsunterricht in der Schule 1976, 2.5.1 zit. in Mendl 2008, S. 25)

Kreativ:

2.1 Willkommensfächer

Bevor die „eigentliche Arbeit" im Religionsheft (Siehe 1.1 Kreatives Religionsheft) beginnt, gestalten die Schüler der ersten Klasse einen „Willkommensfächer":

- L kopiert die Fächerseiten **M 1–3** auf festen Karton und heftet diese im Anschluss an die Gestaltung mithilfe einer Kordel, Geschenkband etc. zusammen.

- Gestaltungsvorschlag:
S. 1 Deckblatt: Herzlich willkommen im Religionsunterricht
Schüler schreiben ihren Namen auf die senkrechte Namenszeile und verzieren das Fächerblatt.

2. Herzlich willkommen im Religionsunterricht

S. 2 Das bin ich
Sch erzählen von sich und malen sich als Schulkind evtl. mit Schultüte.

S. 3 Ich bin einzigartig
L kann Spiegelfolie einkleben; *alternativ:* Schüler kleben ein Foto von sich ein, oder stempeln ihren Fingerabdruck in den Rahmen.

S. 4 Du kennst meinen Namen
Sch erzählen zu ihrem Namen, evtl. über Namenspatron, Sch schreiben ihren Namen in schöner Schrift mit Verzierung.

S. 5 In meinem Herzen ist viel Platz
Sch erzählen von Menschen, die sie gerne haben, die ihnen wichtig sind, lernen einfachen Liedruf, legen auf rotes Tuch mit einem Seil ein Herz.

S. 6 Ich habe in mein Herz geschlossen
Sch entzünden für je einen wichtigen lieben Menschen ein Teelicht und stellen es in das „Seilherz", sie malen oder schreiben diese Menschen auf ihr Fächerblatt.

S. 7 Erntedank
L bringt Früchte, Brot u. ä. mit, im UG wird „Erntedank" erschlossen, Sch lernen einfaches Dankgebet.

S. 8 Erntedank
Sch malen weitere Früchte, Brot, Ähren u. ä. neben den Erntekorb.

S. 9 Martin teilt …
Sch erzählen die Martinsgeschichte, lernen einfachen Liedruf.

S. 10 Martin warum?
Sch denken über die Motivation des hl. Martin nach und ergänzen auf den Zeilen: teilt, hilft, sieht …, Sch gestalten evtl. einfache Laternen und feiern ein kleines „Martinsfest".

S. 11 Im Namen des Vaters
Sch lernen das große und das kleine Kreuzzeichen, gestalten mithilfe verschiedener Materialien ein Kreuz z. B. Wollfäden, Kleber und Sand, Buntpapier, Goldpapier …

S. 12 Wir beten gemeinsam
Sch lernen verschiedene Gebete kennen, kleben im Laufe des Jahres noch Gebete auf die Rückseite der S. 12.

3. Beten mit Psalmworten

„Wovon das Herz voll ist, davon spricht der Mund."
(Mt 12,34)

Informativ:

Der Evangelist Matthäus fasst in einem kurzen, prägnanten Satz zusammen, dass Menschen seit jeher kommunikativ sind und den Dialog auch mit Gott suchen. Durch das Gebet kann der Tagesablauf rhythmisiert werden, können Knotenpunkte des Lebens in Beziehung zu Gott erlebt werden. Der eigentliche, primäre Ort der Gebetserziehung ist die Familie – dieser ursprüngliche Lernort des Gebets muss heute jedoch oft durch den Religionsunterricht ersetzt werden. Dies bietet aber auch eine große Chance, Schülern eine persönlich gestaltete Gebetspraxis zu vermitteln. Gerade die Psalmen mit ihrer bildhaften Sprache ermöglichen den Schülern einen Zugang zu einer Form des Gebets, in der sie sich mit ihren Lebenserfahrungen wiederfinden können. Psalmen bieten Menschen in Freud und Leid, in Angst und Not, in Unglück und Tod, Zuversicht und Hoffnungslosigkeit, in Momenten der Sprachlosigkeit Hilfe an, um ihre Emotionen zum Ausdruck zu bringen.

Unterschiedliche unterrichtspraktische Beispiele zeigen deutlich, „dass für Kinder schon vom Grundschulalter an sowohl wörtliches als auch symbolisches Verstehen parallel ohne kognitive Probleme möglich ist." (Rainer Oberthür, München 1995, S. 91)

Kreativ:

3.1 Psalmwortmobile

- L füllt das Dreieck eines Drahtkleiderbügels (Reinigung) mit Stoff oder Tonpapier vgl. Muster **M 3.1.1** und beschriftet es mit dem Wort „Psalmen".
- Sch befestigen an dem Kleiderbügel vier Schnüre.
- L kopiert die vier Worte „Klage", „Bitte", „Dank" und „Lob" je zweimal auf Tonpapierquadrate **M 3.1.2.**
- Sch kleben die Quadrate doppelseitig an die Schnüre.
- Sch wählen aus vorgegebenen Psalmversen siehe **M 3.1.3** je zwei Klage-, Lob-, Bitt- und Dankpsalmen aus, beschriften diese auf der Vorderseite und gestalten die Rückseite passend zum Psalmvers.

3.2 Psalmenhaus

- L kopiert Psalmenhaus **M 3.2.1** auf festeres Papier.
- Sch schneiden die gestrichelten Linien ein und kleben das Haus sorgfältig ins Heft.

3. Beten mit Psalmworten

- Sch öffnen die Fensterläden und wählen aus **M 3.1.3** je einen Psalmvers aus und schreiben diesen in das Fenster.
- Sch öffnen die Haustüre und malen sich in die offene Türe.
- Sch gestalten ihr Psalmenhaus.

3.3 Klassenpsalmwortbuch

- L kopiert für Sch ausgewählte Psalmverse.
- Sch gestalten im Klassenpsalmwortbuch (Kladde oder DIN A5 Doppelheft) je eine Doppelseite mit Text und Bild.
- Dieses Klassenpsalmwortbuch kann als Ritual zum Stundenbeginn verwendet werden.

3.4 Psalmwortbändchen

- Sch schreiben ihr Lieblingspsalmwort auf ein festes, ca. 1 cm breites Stoff-Geschenkband.
- Sch schenken ihr Band (wie ein Freundschaftsband) weiter.

3.5 Psalmwortschatzkästchen

- L kopiert verschiedene Psalmverse auf farbiges Tonpapier.
- L rollt jeden einzelnen Psalmvers zusammen und fixiert ihn mit Gummi oder Geschenkband.
- L legt Psalmwortrollen in eine Geschenk- oder Schatzkiste.
- Je ein Sch nimmt zum Stundenbeginn eine Psalmwortrolle aus der Schatzkiste.
- Sch trägt Psalmvers vor und klebt diesen in sein Heft/Ich-Buch/Gebetsheft.

3.6 Psalmwortklammer

- L trägt Sch ausgewählte Psalmverse des Psalm 104 vor.
- Sch klären im UG die Bildworte.
- L kopiert Psalmworte **M 3.6.1** und **M 3.6.2** auf festen Karton DIN A7.
- L ergänzt evtl. weitere kurze Psalmverse aus Psalm 104.
- Sch gestalten ihre Psalmwortkarte und kleben diese auf eine Holzwäscheklammer.
- Sch bringen die einzelnen Psalmwortkarten in eine sinnvolle Reihenfolge und klemmen diese an ein breites rotes (Geschenk-)Band.

Literatur-Tipps:
Rainer Oberthür, Kinder und die großen Fragen, München 1995
Martin Polster, Gib mir Wurzeln, lass mich wachsen, Stuttgart 2006

4. Feste und Heilige im Kirchenjahr

„Ein Leben ohne Feste gleicht einer weiten Reise ohne Einkehr." (Demokrit, 460–370 v. Chr.)

Informativ:

Feste rhythmisieren das Schul- und Kirchenjahr und geben Struktur. In unserem Land orientieren sich die meisten Schulferien an den großen Festen im Kirchenjahr: Allerheiligen – Weihnachten – Fasching – Ostern – Pfingsten. Oftmals wissen aber viele Schülerinnen und Schüler über Ursprung und Inhalt nur wenig oder gar nichts mehr. Gerade in der Grundschule ist es eine elementare Aufgabe des Religionsunterrichtes, diese Feste im Lebensraum der Schüler jenseits von Konsum und Kommerz zu verorten und mit Inhalten anzureichern.

Der Kirchenjahreskreis wird wesentlich durch die Gedenktage von vielen Heiligen geprägt. Heilige sind Menschen, die ein in christlichem Sinne vorbildliches Leben geführt haben. Teilweise starben sie für ihren Glauben. In den Lebensbeschreibungen wird deutlich, dass Heilige weder „handsame" Personen noch „Übermenschen" waren, sondern Persönlichkeiten, die mit offenen Augen, Ohren, Herz und Händen ihr Leben gestaltet haben.

Heiligengeschichten als „Mut-mach-Geschichten" für Kinder von heute zu entdecken, ist eine wesentliche Aufgabe im Religionsunterricht.

Die Aufgabe der Lehrerinnen und Lehrer ist es, die bei jedem Kind angeborene Neugier, die Entdeckerfreude, die Lust am Gestalten und das Vertrauen, die Zuversicht und den Mut das Leben zu lieben, zu entwickeln, zu erhalten und zu stärken. Diesen Prozess können Heilige und ihre Lebensgeschichten in besonderer Weise unterstützen und dadurch voranbringen. Sie ermöglichen bereits Grundschulkindern darüber nachzudenken, was an den Heiligen anders war, was das Besondere in deren Leben war, wodurch sie ein besonders offenes Herz hatten, warum sie oftmals „mehr" sahen als ihre Mitmenschen.

Viele Informationen sind unter folgendem Link einzusehen:
www.katholisch.de/Kirchenjahr

Kreativ – im Kirchenjahr

4.1 Kirchenjahreskreis

4.1.1 Bodenbild

L vergrößert **M 4.1.1** und **M 4.1.2** auf festes farbiges Tonpapier und fügt die einzelnen, laminierten Kreise mit einer Kordel zu einem Kirchenjahreskreis zusammen. Dies kann als Bodenbild gestaltet werden z. B. mit Krippenfiguren, einem Kreuz, einer Kerze, einem Nikolaus aus Schokolade (Achtung: kein Weihnachtsmann!), einem Schlüssel, einem Strohstern …

4. Feste und Heilige im Kirchenjahr

- Sch ordnen die Feste im Jahreskreis (Pfeile **M 4.1.3–6**) den entsprechenden Monaten zu (Feste können je nach Leistungsstand der Sch vom L ausgewählt bzw. begrenzt werden).
- Sch gestalten Bildkarten **M 4.1.7–9** mit den entsprechenden Symbolen und fügen diese zu den Festen im Jahreskreis hinzu.
- *Alternativ:* L beklebt Bildkarten mit Fotos, Zeichnungen, ausgewählten Bildern der Kunst …
- Sch erhalten kurze Infotexte und verfassen mit diesen Materialien je eine knappe Beschreibung zum Fest (Pfeile) bzw. zu den Symbolen (Bildkarten).

Advent – Adventskranz
Weihnachten – Krippe
Erscheinung des Herrn – Stern
Maria Lichtmess – Kerze(n)
Aschermittwoch – Aschenkreuz
Palmsonntag – Palmzweig
Gründonnerstag – Brot und Wein
Karfreitag – Kreuz
Ostern – Osterkerze
Christi Himmelfahrt – Wolke
Pfingsten – Taube
Fronleichnam – Monstranz
Maria Himmelfahrt – Kräuterbuschen
Erntedank – Erntekorb
Allerheiligen – Grab
Hl. Petrus und Paulus – Schlüssel und Buch
Hl. Franziskus – Franziskuskreuz
Hl. Martin – Mantel und Schwert
Hl. Elisabeth – Burg
Hl. Barbara – Turm
Hl. Nikolaus – Mitra
Hl. Lucia – Lichterkranz
Hl. Christophorus – Riese mit Stab

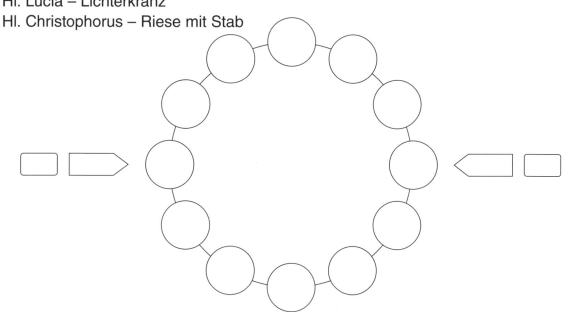

Die unbeschrifteten Karten können evtl. mit dem jeweiligen Diözesanheiligen beschriftet werden.
Es besteht auch die Möglichkeit, die Karten mit den Namenspatronen der Schüler zu beschriften.

- Sch gestalten mit den Monatskreisen, Pfeilen und Bildkarten ein großes Plakat für den Klassenraum, zur Schulhausgestaltung.

4.1.2 Kreative Heftarbeit

- Für die 1. Klasse wählt L die Hauptfeste des Kirchenjahres aus.
- Sch gestalten damit analog zum Bodenbild (s. Skizze S. 15) einen HE. Dieser kann im Laufe des Schuljahres aktuell erweitert und ergänzt werden.
- Sch tragen ihren Namenstag in Blankopfeilkarte ein und fügen diese dem HE hinzu.

4.1.3 Weiterführende Anregungen

- Sch gestalten die Bildkarten jeweils doppelt und können in einer Freiarbeitsphase ihr Wissen mit einem Memoryspiel vertiefen und festigen.
- Differenzierungsmöglichkeit für jahrgangsgemischte Religionsgruppen:

  „WWW"-Spiel:
  Was wird gefeiert?
  Wie sieht das Symbol aus?
  Warum feiern wir?

  L kopiert **M 4.1.10–14** auf festen Karton und laminiert diese.
  Die Sch der 1. Jahrgangsstufe erhalten zu jedem Fest im Kirchenjahr je eine Wortkarte, eine Bild/Symbolkarte und eine Textkarte. Für diese Jahrgangsstufe ist es sinnvoll, die Anzahl der Feste bzw. der Heiligen zu begrenzen.

  Die Sch der 2. Jahrgangsstufe erhalten statt der Erklärungskarte je eine Fragezeichenkarte und verfassen selbst eine kurze Erklärung zum jeweiligen Fest bzw. Heiligen.

- Im Rahmen der Schulpastoral eignet sich das Thema Kirchenjahr für die Durchführung eines Kinderbibeltages oder einer Kinderbibelnacht.

  Tipp: *Informationen zu den Infotexten aus gängigen Heiligenlexika und Sachbüchern zum Kirchenjahr oder im Internet unter: www.katholisch.de/Kirchenjahr oder www.heiligenlexikon.de*

4. Feste und Heilige im Kirchenjahr

Kreativ – im Advent

4.2 Adventshaus

L stellt in den vier Adventswochen die vier adventlichen Symbole im Sitzkreis vor und erzählt zum jeweiligen Symbol eine passende Geschichte und/oder wählt ein geeignetes Lied.

1. Woche: Adventskranz
2. Woche: eine entzündete Kerze auf einem dunklen Tuch in einem abgedunkelten Raum
3. Woche: ein Kunstbild/eine Figur eines Engels
4. Woche: ein großer Stern (Strohstern, Goldpapierstern …) auf einem dunklen Tuch

- Sch erhalten **M 4.2.1**.
- Sch schneiden vorsichtig gestrichelte Linien auf.
- Sch kleben AB so in ihr Heft, dass die Türen geöffnet werden können.
- Sch gestalten jede Woche eine Tür.

4.3 Eine freudige Nachricht – eine Weihnachtsgeschichte im Rahmen

- Sch erhalten Rahmenblatt **M 4.3.1**.
- L erzählt die Weihnachtsgeschichte in kurzen Abschnitten (vgl. Meine Schulbibel, München 2003, S. 84 ff.), bzw. AB.
- Sch verfolgen den Fortgang der Geschichte auf dem AB im Uhrzeigersinn.
- Sch wählen je ein Stichwort aus, und begründen ihre Wahl.
- „Ich habe das Wort ‚Engel' gewählt, weil …"
- „Besonders gefällt mir das Wort ‚Maria', weil …
- „Mir ist das Wort ‚Jesus' sehr wichtig, weil …
- L gibt Satzanfänge als Hilfestellung – evtl. an der Tafel vorgestalten.
- Sch gestalten ihr gewähltes Wort kreativ im nächsten leeren Kästchen, z. B. Engel, Maria, Jesus …
- Sch gestalten in der Mitte des AB ein Bild zur Weihnachtsgeschichte und verzieren es mit Goldpapier als Rahmen.
- Sch gestalten dieses AB als Geschenk für die Eltern, Großeltern …

4.4 Sie folgten dem Stern

Die Sternsingeraktion des Kindermissionswerks ist weltweit die einzige Solidaritätsaktion „von Kindern für Kinder".

Tipp: *Unter dem Link www.sternsinger.de finden sich eine Fülle an Informationen und Materialien zur Sternsingeraktion. Vieles kann hier kostenlos bezogen werden und eignet sich zur kreativen Unterrichtsgestaltung.*

4. Feste und Heilige im Kirchenjahr

> Der vollständige Segen für die kommende Aktion Dreikönigssingen lautet:
> 20*C+M+B+12. Der Stern steht für den Stern, dem die Weisen aus dem Morgenland gefolgt sind. Symbolisch tragen die Sternsinger ihn mit sich; er ist Zeichen für Christus. C+M+B stehen für die lateinischen Worte „Christus Mansionem Benedicat" – Christus segne dieses Haus.
> Volkstümlich werden die drei Buchstaben als Kürzel für die überlieferten Namen der drei Weisen verstanden: Caspar, Melchior und Balthasar. Die drei Kreuze bezeichnen den Segen: Im Namen des Vaters, des Sohnes und des Heiligen Geistes. Gott ist Mensch geworden, um uns Menschen ganz nahe zu sein – auch im Neuen Jahr 2012.
> *(Quelle: www.sternsinger.de)*

- L bringt Weihrauch, Myrrhe (aus der Apotheke) mit und erklärt deren Bedeutung. Weihrauch mit Kohletabletten auf einem feuerfesten Untergrund entzünden.
- L schreibt Segensspruch an die Klassenzimmertür.
- Sch bearbeiten **M 4.3.2**

Tipp: *Der Essener Adventskalender erscheint jedes Jahr neu ab Oktober und enthält für die Tage vom 1. Advent bis zum Fest Erscheinung des Herrn eine Vielzahl von kreativen Impulsen, Ideen und Texten zum schulischen und außerschulischen Einsatz (www.essener-adventskalender.de).*

Kreativ – in der Osterzeit

4.5 Jesus geht den Weg zum Kreuz – Karwoche

Die einzelnen wichtigen Tage der Karwoche werden in je einer U-Einheit vertieft behandelt. Vor jedem neuen Tag bzw. U-Einheit wird der bzw. die vorausgegangenen Tage nochmals rückblickend kurz wiederholt und visuell im Bodenbild integriert.

Palmsonntag – Jesus zieht in Jerusalem ein
- L zeigt Sch Kunstbild zum Palmsonntag, (z. B.: Einzug Christi in Jerusalem von Duccio di Buoninsegna ca. 1255–1319, oder: Die letzten Tage Jesu, Echternacher Codex, um 1020–1030, Folie 8 aus „Schatzkiste Religion 1/2, Kösel-Verlag) auf Folie über den OHP.
- *Alternativ:* L vergrößert Bild auf DIN A2 oder DIN A1 und legt dieses auf ein Tuch als Bodenbild.
- Sch wählen je eine Person aus, lassen diese auf einer vorbereiteten Sprechblase „reden" und verbinden diese mittels eines Wollfadens mit der Person auf dem Bild.
- L legt grünes Tuch zur Mitte, eine Wortkarte mit „Palmsonntag" und die Jesuskerze.
- „Überlege mit deinem Partner, welche Menschen Jesus damals wohl zugejubelt haben, als er nach Jerusalem kam!"
- Sch aktivieren ihr Vorwissen (Levi, Bartimäus, Menschen, die von Jesus gehört haben, mit denen er gegessen hat …).
- Sch legen für jede Person einen grünen Palmzweig zur Mitte **M 4.5.2**.
- *Alternativ*: kleine Buchszweige oder Palmkätzchen.

4. Feste und Heilige im Kirchenjahr

- L erzählt die Geschichte mithilfe des Liedes „Jesus zieht in die Stadt Jerusalem ein", Kehrvers **M 4.5.3** (Jesus soll unser König sein. Hosianna! Amen.) immer gemeinsam (4 x kopiert und an die vier Seiten des Tuches gelegt), Strophen auf farbigen Textkarten, **M 4.5.3**.
- Sch erfinden evtl. Bewegungen zum Lied, z. B. Jubel, Freude ... dazu.
- Sch arbeiten im Heft: Gesamt-Überschrift, Textstreifen **M 4.5.1**; Überschrift zur Stunde Palmsonntag: Jesus zieht in Jerusalem ein. Sch gestalten Bild zur Geschichte, kleben kleine Palmzweige dazu, evtl. Stoffreste für die Kleider ...

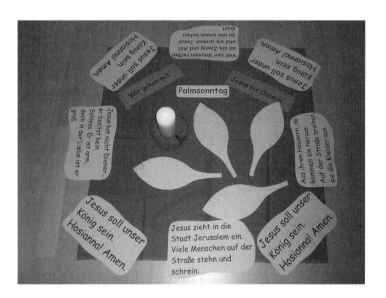

Gründonnerstag – Jesus feiert das letzte Abendmahl
- Rückblick: Palmsonntag, grünes Tuch (stark verkleinert) nochmals zur Mitte legen, Jesuskerze dazu und ein Palmzweig.
- Sch singen Lied noch einmal, eine Kehrvers-Textkarte dazu.
- Rotes Tuch (groß) wird angelegt, ein Sch trägt die Jesuskerze vom grünen auf das rote Tuch.
- L erzählt, wie es nach dem Einzug in Jerusalem mit Jesus weitergeht (vgl. Meine Schulbibel S. 112, Nr. 80), Wortkarte: Gründonnerstag wird auf das rote Tuch gelegt.
- L legt Brot und einen Becher zur Mitte.
- L legt 2–3 vergrößerte Bilder der Kunst zur Mitte (vgl. www.uni-leipzig.de/ru/).
- Differenzierung: 1. Klasse: Sch betrachten ein Bild; 2. Klasse: Sch betrachten in arbeitsteiliger GA verschiedene Bilder.
- Sch entdecken Gemeinsamkeiten, Unterschiede, Intention des Künstlers ...
- Sch wählen sich ein Bild (verkleinerte Version) aus, und gestalten Heftseite. Ü: Jesus feiert mit seinen Freunden das letzte Abendmahl.

Karfreitag – Jesus stirbt am Kreuz
- Rückblick: Palmsonntag s.o.
- Rückblick: Gründonnerstag, kleines rotes Tuch, Jesuskerze wandert weiter, Bild mit Brot und Krug.
- L legt schwarzes Tuch an die beiden vorhergehenden an.

- Sch stellt die Jesuskerze auf das schwarze Tuch.
- Erzählung von der Gefangennahme Jesu (vgl. Meine Schulbibel, S. 116–122 in Auszügen).
- L legt zur Erzählung dicken Strick (ca. 30 cm mit Knoten) – Gefangennahme, Dornenzweige und ein schlichtes Kreuz aus zwei Ästen auf das Tuch.
- L legt WK „Die Freunde von Jesus sind ganz traurig. Sie sagen …" ins Bodenbild.
- Sch legen für jede Antwort eine blaue Träne **M 4.5.4** auf das Tuch.
    - Jesus war mein Freund.
    - Jesus muss so viel erleiden.
    - Jesus hat doch nichts getan.
    - Es ist ungerecht.
    - Ich bin so traurig.
    - Was sollen wir denn tun?
    - …

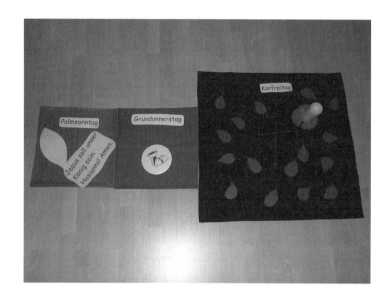

- Empathieübung: Sch drücken mit ihrem Körper die Stimmung der Freunde von Jesus aus.
- L erzählt von der Todesstunde und die Kerze wird ausgeblasen, evtl. getragene Musik dazu.
- Sch halten sich an den Händen, L formuliert ein kurzes Gebet:
  z. B. „Jesus, du bist verurteilt worden und am Kreuz gestorben. Wir sind, wie deine Freunde, sehr traurig und können es gar nicht fassen. Mach uns stark in der Hoffnung und lass uns in unserer Trauer nicht allein."
- Sch gestalten HE: Überschrift: Menschen sind traurig. Jesus ist gestorben.
- Sch gestalten evtl. ein Kreuz aus blauen Papier-Tränen, kleben ein Kreuz mit Wollresten, aus Pfeifenputzern o. ä.

4. Feste und Heilige im Kirchenjahr

4.6 Ostern – Jesus lebt

- Rückblick: Palmsonntag s. o
- Rückblick: Gründonnerstag s. o
- Rückblick: Karfreitag: kleines, schwarzes Tuch, Seil, Dornen, Kreuz aus Zweigen.
- L legt schwarzes Tuch, unter dem nicht sichtbar ein gelbes Tuch liegt, in die Mitte.
- L erzählt von den Frauen, die zum Grab gehen (vgl. Meine Schulbibel, S. 124).
- L stellt Osterkerze als Symbol für den Auferstandenen ins Bodenbild und klappt das schwarze Tuch so zur Mitte, dass das gelbe Tuch darunter sichtbar wird.
- Sch entzünden an der Osterkerze je ein Teelicht und formulieren dazu einen Satz: z. B. Jesus lebt, Jesus ist auferstanden, Jesus hat den Tod besiegt, Maria hat Jesus gesehen …
- L-Erzählung: Dieses Ereignis feiern wir in der Osternacht …
- L legt dazu Wortkarten und Bilder ins Bodenbild: z. B. Osterfeuer, Osterkerze, Taufwasser, Osterkorb, Osterei …
- HE: Sch gestalten AB Ostern **M 4.6.1**.
- *Alternativ:* L gestaltet mit **M 4.6.1** ein Zuordnungsspiel.
- Sch gestalten eine Osterkerze (ins Heft oder mit Wachsplatten).

Literatur-Tipp:
Rainer Oberthür, Renate Seelig, Die Ostergeschichte, Stuttgart 2007

4.7 Mit Heiligen auf dem Weg sein

Das Heiligenbüchlein **(M 4.7.1–9)** begleitet die Kinder und wächst im Laufe eines Schul- bzw. Kirchenjahres.
Jede(r) Heilige wird auf einem Blatt vorgestellt (Infoblatt), auf einem Kreativblatt und einem Brauchtumsblatt bearbeitet.
Folgende kreative Möglichkeiten sind denkbar:
- Bild zur Heiligengeschichte gestalten,
- ein Elfchen schreiben,
- eine Collage gestalten,
- einen Brief an den Heiligen schreiben,
- den Lebensweg des Heiligen mit Wolle kleben,
- ein passendes Lied lernen und einkleben,
- Symbole zur Lebensgeschichte finden und gestalten,
- Fragen an den Heiligen formulieren (z. B.: Woher hattest du die Kraft …?),
- ein Bild der Kunst des Heiligen betrachten und evtl. kopiert einkleben,
- in der Heimatkirche nach dem Heiligen suchen,
- Akrostichon schreiben
- …

L kopiert **M 4.7.1–9** auf festes Papier und locht an der markierten Stelle

5. Die Bibel erzählt von Gott und den Menschen

„Die Bibel ist das Buch, dessen Inhalt selbst von seinem göttlichen Ursprung zeugt. Die Bibel ist mein edelster Schatz, ohne den ich elend wäre."
(Immanuel Kant, 1724–1804)

Informativ:

Die Bibel ist ein Buch mit einer langen Entstehungsgeschichte, in dem viele einzelne Autoren ihre Gotteserfahrungen dokumentierten. Diese Erfahrungen erzählen von Frauen und Männern, die auf ihrem Lebensweg mit Gott in Berührung kamen und diesen Weg in großem Vertrauen auf Gott gehen konnten. Die biblischen Geschichten berichten uns bis heute von deren vielfältigen elementaren Erfahrungen, von Scheitern und Neubeginn, von Glaube und Zweifel, von Hass und Liebe, von Flucht und Heimkehr, von Vertrauen und Hoffnungslosigkeit, von Streit und Versöhnung.

„Biblische Geschichten erzählen auch von menschlichen Grunderfahrungen und -konflikten, in denen Kinder ihre eigenen Erfahrungen spiegeln und klären können." (Grundlagenplan für den katholischen Religionsunterricht in der Grundschule, S. 34)

Um biblische Erzählungen in der Grundschule begreifen zu können, ist es für Schüler wesentlich, Sachwissen von Land und Leuten zur Zeit Jesu als Basis vermittelt zu bekommen. Dies erfolgt in optimaler Weise mit ganzheitlichen Methoden, unterschiedlichen Medien und hoher Eigenaktivität der Schüler.

5.1 AT – Josef auf seinem Lebensweg begleiten

Kreativ:

Sch falten und kleben **M 5.1.1** zu einer „Taschengeschichte". Die drei Längslinien falten und sorgfältig kleben. Die gepunktete Linie und die Verschlusslaschen falten.

Jede Tasche wird mit einer elementaren Aussage aus der Josefsgeschichte beschriftet. In die Tasche wird je ein gestaltetes Kleid von Josef, das seine aktuelle Lebenssituation beschreibt, und eine Sprechblase **M 5.1.2** gesteckt.

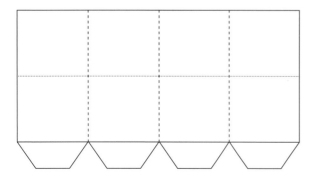 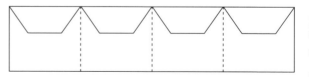

5. Die Bibel erzählt von Gott und den Menschen

5.1.1 Josef ist der Lieblingssohn des Jakob

- L erzählt den Beginn der Josefsgeschichte nach „Meine Schulbibel", S. 26.
- L bereitet zwei große (mindestens DIN A3) Kopien des Kleides vor, eines davon je nach Schüleranzahl zerschneiden.
- Sch bemalen oder bekleben mit Buntpapier oder Stoffresten ihren Teil des Kleides.
- Im UG äußert jeder Sch aus der „Ich-Perspektive" die Gefühle des Josef und klebt dazu sein Kleidstück auf das große Kleid in der Mitte.
  Z. B. „Mein Kleid ist das Schönste."
  „Ich bin froh, dass mich Vater so gerne hat."
  …

- Sch gestalten „ihr" kleines Prachtkleid von Josef und schreiben seine Gefühle in einem Satz in die Sprechblase.

  Alternativ: für jahrgangsgemischte Gruppen: 1. Klasse gestaltet die Sprechblasen mit Farben, passend zu Josefs Gefühlen; 2. Klasse beschriftet die Sprechblasen.

- Sch stecken beides in die erste Tasche ihrer Taschengeschichte.
- Sch beschriften die Taschenaußenseite.

5.1.2 Josef wird verkauft

- L erzählt die Josefsgeschichte weiter nach „Meine Schulbibel", S. 27.
- L legt dunkles Tuch in die Mitte.
- L hält etwa faustgroße glatte Steine bereit (*Alternativ:* Steine aus grauem Tonpapier). Sch beschriften die Steine mit Filzstiften mit den Gefühlen des Josef im Brunnen,
  z. B.: „Warum tun mir meine Brüder das an?"
  „Was habe ich falsch gemacht?"
  „Hoffentlich befreit mich bald jemand aus dem dunklen Brunnen.
  „Hilfe …"
- Sch legen die beschrifteten Steine auf das dunkle Tuch, das als Brunnenumriss dient.
- L legt großes DIN A3 Kleid zur Mitte.
- Sch wählen aus einem Angebot an Materialien (dunkles Tonpapier, dunkle Stoffreste, Rupfen, dunkel eingefärbte Mullbinden, Schleifpapierstücke …) und bekleben das große Kleid.
- Sch überlegen im UG was Josef tun kann, z. B.: um Hilfe rufen, schreien und toben, weinen, aufgeben, betteln, beten …
- Sch formulieren auf ihre Sprechblase ein „Stoßgebet" des Josef.
- Sch lernen Lied: „Halte zu mir, guter Gott" v. Rolf Krenzer
- Sch gestalten ihr kleines Kleid, stecken es in die zweite Tasche und beschriften die Vorderseite.

- Sch betrachten die beiden großen Kleider (Tafel oder Kreis) und beschreiben anhand der Kleider, wie sich das Leben des Josef verändert hat.
  „Josef, ich frage mich …"
  „Josef, warum …"
  „Josef, wenn …"
- L erzählt den Fortgang der biblischen Geschichte nach „Meine Schulbibel", S. 28.

5.1.3 Josef im Gefängnis

- L erzählt nach „Meine Schulbibel", S. 29 und 30.
- L legt großes DIN A3 Kleid zur Mitte.
- Sch erhalten je einen schmalen schwarzen Streifen in unterschiedlicher Länge und gestalten das „Gefangenenkleid" von Josef.
- „Im Gefängnis gehen Josef viele Gedanken durch den Kopf …"
- Sch gestalten ihr kleines Gefangenenkleid.

5.1.4 Josef deutet die Träume des Pharao, rettet Ägypten und verzeiht seinen Brüdern

Rote-Faden-Geschichte
L bereitet rotes Seil ca. 4 Meter, Wäscheklammern und Wortkarten in Schüleranzahl vor.

- L hält zur Erzählung nach „Meine Schulbibel", S. 30–32, Wortkarten in Schüleranzahl mit Reizworten zur Geschichte bereit:
  z. B. Nil, Träume, Ufer, magere Kühe, kräftige Kühe, Pharao, Josef, Gott, sieben gute Jahre, sieben Hungerjahre, Aufseher, Hungersnot, Ägypten, Scheunen, … **(M 5.1.3, M 5.1.4)**
- Sch klammern zur L-Erzählung an den entsprechenden Stellen ihre Wortkarte an das rote Seil.
- Impuls: „Im Leben des Josef hat sich plötzlich vieles verändert."
- L hängt „Gefängniskleid" an die eine Seite des Seils und ein vorbereitetes ägyptisches Prachtkleid (ägyptischer Kragen, Gold, Verzierungen …) an das Ende des Seils.
- Im UG entdecken die Sch den „Aufstieg" des Josef.
- Sch gestalten ihr kleines Prachtkleid, formulieren einen Danksatz des Josef, schreiben diesen auf ihre Sprechblase und beschriften die Taschenvorderseite.

5.1.5 Josef geht im Vertrauen auf Gott durch Höhen und Tiefen

- L hängt zum Abschluss der Josefserzählung die vier großen Kleider an das rote Seil.
- Sch betrachten und entdecken im UG die großen Veränderungen.
- Sch erhalten postkartengroße Tonpapierkarten.
- L legt großes Fragezeichen auf ein Tuch in die Mitte.
- Sch formulieren Fragen zur Geschichte.
- Im UG werden die Fragen nach Ähnlichkeiten sortiert.
- Sch suchen gemeinsam nach Antworten bzw. Lösungen.

5. Die Bibel erzählt von Gott und den Menschen

5.1.6 Mein Brief an Josef

- Sch wiederholen anhand ihrer „Taschengeschichte" die Lebensgeschichte von Josef.
- Sch formulieren einen persönlichen Brief an Josef **M 5.1.5**.
- Sch erhalten einen Briefumschlag, verzieren ihn und kleben diesen in ihr Heft.
- Sch lernen das Lied: „Wenn einer sagt, ich mag dich du" von Detlev Jöcker

5.2 NT – Land der Bibel kennenlernen

5.2.1 Land der Bibel kennenlernen

- L legt das Land Palästina (Israel) als Bodenbild mit farbigen Tüchern.
  Alternativ: L malt das Land mit Stoffmalfarben auf ein weißes Leintuch.
- Sch suchen das Land auf einem Globus, auf einer Weltkarte …
- L stellt das Land kurz vor.
- Sch legen mit Unterstützung des Lehrers Wortkarten und Symbolkarten **M 5.2.1**, **M 5.2.2 und M 5.2.3** an die wichtigsten biblischen Orte ins Bodenbild.
- Sch beschriften und gestalten ihre Landkarte **M 5.2.4** im Heft.
- Sch sammeln Prospekte von Reisebüros zum Land Israel und gestalten eine Collage.

Pyramidenpanorama
- Sch gestalten nach Anleitung **M 5.2.5** ein Pyramidenpanorama mit vier Bildern zu den verschiedenen Landschaften der Heimat Jesu:
  Wüste: mit Klebestift Sand auftragen, Gestrüpp, kleine Steine, Schafe, …
  See Gennesaret: blaues Seidenpapier, Boot falten, Fische aufkleben, Fischernetz aus Mandarinennetz, …
  Jerusalem: Stadt auf dem Berg, Stadtmauer mit Tor malen, Menschen dazu kleben, …
  Jericho: Palmen, Häuser, Wasser

- *Alternativ:* Das Pyramidenpanorama kann in arbeitsteiliger GA von jeweils vier Sch gestaltet werden. Hier empfiehlt es sich, die Quadrate mit einer Seitenlänge von mindestens 20 x 20 cm aus festem Papier herzustellen.
  Einen Faden an den oberen Spitzen befestigen und als Mobile aufhängen.

Literatur-Tipps:
Ingrid Penner, Dr. Franz Kogler, Sonderheft – Botanik, Pflanzen in der Bibel, Linz 2007,
E-Mail: bibelwerk@dioezese-linz.at
Mendel Nun, Der See Gennesaret und seine Fischer, Hg: Kinnereth Sailing Co. Kibbutz En Gev, 1990
Dr. David Darom, Tiere der Bibel,
Dr. David Darom, Die schönsten Pflanzen im Land der Bibel, www.palphot.com
Uzi Paz, Vögel im Land der Bibel, www.palphot.com
Grundschulgeeignete Wandkarten zum AT und NT, Agentur des Rauen Hauses, Hamburg
Grundschule Religion, Nr. 25/ 4.2008, Leben in der Wüste, www.grundschule-religion.de
Infos zum Land Israel unter: www.goisrael.de
Doronia – Einkaufen wie in Israel: www. Doronia-shop.de

5.3 Menschen der Bibel kennenlernen

- L bringt verschiedene Gegenstände mit, z. B.:
  Körner – Bauer, **kleines Boot** – Fischer, **Schaf** – Hirte, **Spielzeugschwert** – Soldat, **Tonkrug** – Töpfer, **kleines Stück grober Stoff** – Weber, **kleine Schriftrolle** – Schriftgelehrter, **Augenbinde bzw. Krücke** – Kranker, **Geldbeutel** – Zöllner, **Schale mit einem Geldstück** – Bettler, **kleiner Ball und kleiner Teppich** – Kinder und Frauen
- Sch erraten die Berufe, ordnen die Gegenstände Berufen zu und denken darüber nach, wie diese Menschen damals ihre Berufe ausgeübt haben.
- L ergänzt mit Infos und Bildern.
- Sch bearbeiten **M 5.2.6a** und **M 5.2.6b**

Alternativ: L erstellt mithilfe **M 5.2.6a** und **M 5.2.6b** Dominokarten, Sch spielen Domino.

5.4 Tiere und Pflanzen der Bibel kennenlernen

- L bringt „Essen wie in Israel" mit, z. B. Oliven, Trauben, Granatapfel, Datteln, Feigen, Fladenbrot, aber auch: Gummibärchen, Müsliriegel, Bifi, Kekse, Kaugummi ... und deckt einen Tisch.
- Sch überlegen gemeinsam, welche Nahrungsmittel es wohl zur Zeit Jesu gab, begründen ihre Wahl und sortieren aus.
- Wir essen wie in Israel: Quark mit Honig, Schafskäse und Oliven, Fladenbrot und Humus (Kichererbsenmus), Datteln und Feigen, Granatapfel und Trauben ...
- L fotografiert den gedeckten Tisch und das gemeinsame Mahl und jeder Sch erhält je ein Foto für das Religionsheft.
  (Tipp: Wenn Sie die Kosten für solch ein Essen von der Steuer absetzen möchten, fügen Sie der Quittung ein Foto bei.)

- L zeigt Bilder von Tieren aus der Bibel, z. B. Schaf, Esel, Fisch, Taube, Ochse, Adler ...
- Sch benennen und erzählen von den Tieren, die sie evtl. aus Besuchen vom Zoo, aus Büchern, vom Urlaub her kennen.
- L legt zu jedem Tier eine Textkarte mit biblischem Bezug dazu:
  Schaf: Der gute Hirte sorgt für seine Schafe.
  Esel: Jesus reitet auf einem Esel nach Jerusalem.
  Fisch: Die Freunde von Jesus waren Fischer.
  Taube: Die Taube kehrt mit einem Ölzweig zu Noah auf die Arche zurück.
  Ochse: Ochse und Esel stehen im Stall an der Krippe.
  Adler: Ich habe dich auf Adlers Flügeln getragen.
- Sch gestalten Türanhänger mit ihrem Lieblingstier/Lieblingspflanze aus der Bibel
  M 5.3.1.

5. Die Bibel erzählt von Gott und den Menschen

5.5 Jesus im Land der Bibel

- L stellt die Person des historischen Jesus vor.
- L stellt Osterkerze oder biblische Erzählfigur ins Bodenbild (biblische Landschaft, s. o.)
- Sch erhalten je eine Fragekarte **M 5.4.1, M 5.4.2** und suchen in PA erste Antworten.
- Sch formulieren eigene Fragen.
- Im UG werden Fragen und Antworten im Land der Bibel verortet (Fragekarten werden den Orten, bzw. der Landschaft zugeordnet), bzw. strahlenförmig um die Kerze oder die Jesusfigur gelegt.
- Sch formulieren Fragen an Jesus:
  „Jesus, was ich dich schon immer fragen wollte …"
  „Jesus, warum …"
  „Jesus, ich möchte wissen, was …"
  „Jesus, ich frage mich …"

5.6 Jetzt bin ich Bibelexperte

- Sch erfassen Jesus und das Land der Bibel ganzheitlich.
- Sch reaktivieren ihr Vorwissen anhand der Landkarte, der Bilder, der Fotos, der Gegenstände, Erzählungen … s. o.
- Sch fassen dies mithilfe von **M 5.5.1** und **M 5.5.2** zusammen. Sie falten das Blatt der Länge nach zur Hälfte, schneiden die gestrichelten Linien ein und gestalten das Klappblatt.
- Sch kleben das Blatt ins Religionsheft oder in ihr Ich-Buch ein.

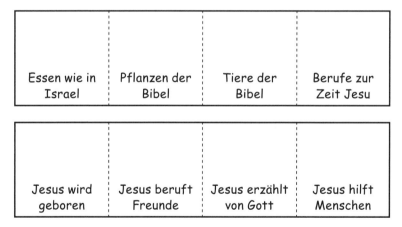

- *Alternative* für jahrgangsgemischte Gruppen: 1. Klasse: Sch malen; 2. Klasse: Sch schreiben und gestalten.

Literatur-Tipps:
Walter Bühlmann u. a., Kafarnaum vor 2000 Jahren, Luzern 1998
Louis Rock, Bibel-Bastel-Buch, Stuttgart 1999
Miriam Feinberg Vamosh, Land und Leute zur Zeit Jesu, Düsseldorf 2001
Lesley Wright, Bibel Koch- und Backspaß, Stuttgart 2000

Religion 1

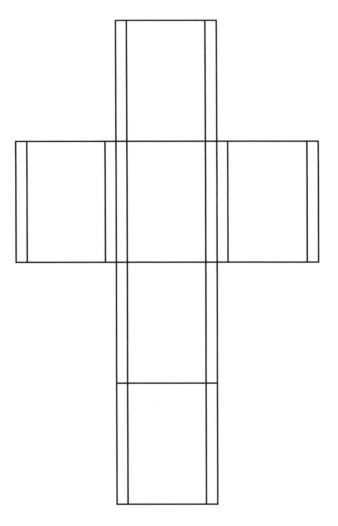

Name _____

Religion

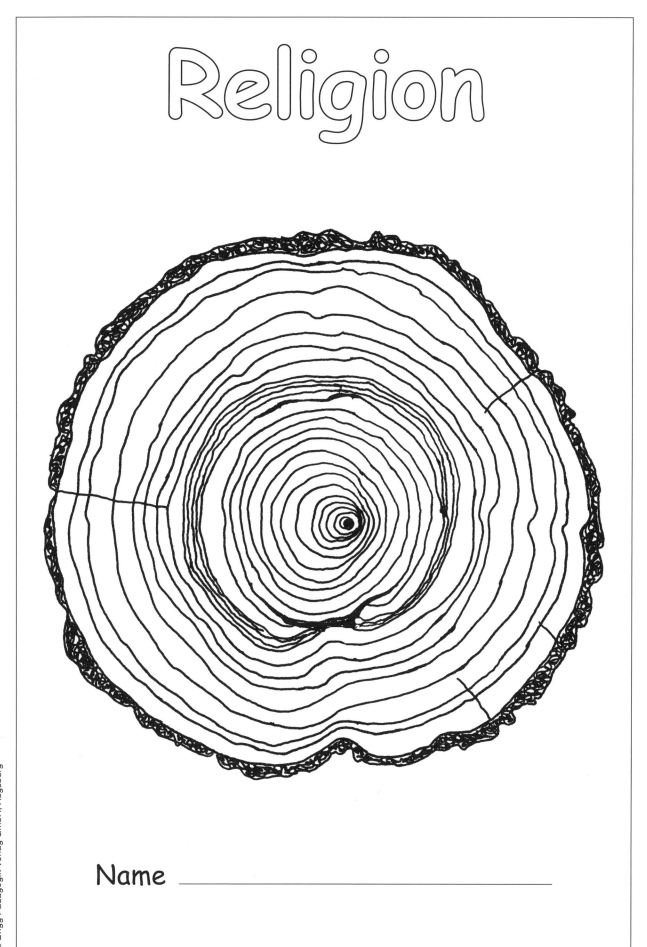

Name _____

R
E
L
I
G
I
O
N

Name _____

Segensgebete oder Psalmen

Gott sei vor dir
und leite dich.
Gott sei neben dir
und begleite dich.
Gott sei hinter dir
und schütze dich.
Gott sei unter dir
und trage dich.
Gott sei über dir
und öffne dich.
Gott sei in dir
und schenke dir
ein lebendiges Herz.
Amen

**Der Herr ist
mein Hirte,
nichts wird mir
fehlen.**

Ps 23,1

**Du bist vertraut
mit all
meinen Wegen.**

Ps 139,3

Wo ich gehe,
wo ich stehe,
bist du, guter Gott,
bei mir.
Wenn ich dich
auch niemals sehe,
weiß ich sicher,
du bist hier.

Amen

**Gott segne uns
und behüte uns.
Gottes Geist beflügle
unsere Fantasie.
Gottes Atem lebe
in unseren Träumen.
Gott begleite uns
auf jedem Schritt,
heute, morgen und alle Tage.**

Lieder:

- Ausgang und Eingang, Anfang und Ende, liegen bei dir Herr, füll du uns die Hände.
- Wir wollen aufsteh'n, aufeinander zugeh'n …
- Lasset uns gemeinsam singen, loben, danken dem Herrn.
- Wo ich gehe, bist du da …

Sonstiges:

- Ein ca. 5 x 10 cm großes Stück Spiegelfolie als Spiegel in einem verzierten Rahmen gestalten.

- Akrostichon „Religion", z. B.:

    R – Ruhe
    E – Evangelium
    L – Liebe
    I – Ich
    G – Gott
    I – Immer da
    O – Ostern
    N – Nähe

Zu den einzelnen Begriffen gestalten die Schüler

- „Wir sind gemeinsam unterwegs" Weg-Bild malen oder einkleben und alle Schüler schreiben ihre Namen dazu.

- Ein „Gottes- oder Jesusbild" aus der Kunst einkleben.

- Symbolbild für Gott, z. B. Sonne in größer werdenden Kreisen mit gelben, orangen, roten Wachsmalstiften malen, mit einem alten Radiergummi von der Mitte ausgehend Strahlen ziehen (auch als Bild für den Heftumschlag möglich).

- Ein Labyrinth malen, als Bild einkleben, Linien mit flüssigem Kleber „nachzeichnen" und darauf einen Wollfaden legen oder mit Sand bestreuen (überschüssigen Sand abschütteln).

R 3 Psalmverse

Du umschließt mich von allen Seiten und legst deine Hand auf mich.

Ps 139,5

Alles, was atmet, lobe den Herrn!

Ps 150,6

Auch wenn mein Geist in mir verzagt, du kennst meinen Pfad.

Ps 142,4

Stimmt dem Herrn ein Danklied an, spielt unserm Gott auf der Harfe!

Ps 147,7

Der Herr ist mein Hirte, mir wird nichts fehlen. Muss ich auch gehen in dunkler Schlucht, ich fürchte kein Unheil, denn du bist bei mir.

Ps 23,1,4

Zu dir, Herr, erhebe ich meine Seele. Auf dich vertraue ich.

Ps 25,1,2

Behüte mich, Gott, denn ich vertraue dir.

Ps 16,1

Der Herr ist mein Licht und mein Heil: Vor wem sollte ich mich fürchten?

Ps 27,1

| Es geht mir heute gut, weil ... |

| Ich freue mich über ... |

| Ich bin heute traurig, weil ... |

| Ich habe Angst vor ... |

| Ich hoffe, dass ... |

| Beeindruckt hat mich heute ... |

| Gestaunt habe ich heute über ... |

| Neu war für mich ... |

| Ich frage mich ... |

| Wichtig finde ich, dass ... |

R 7 Labyrinth

Lieber Gott, ich heiße … und bin unterwegs …

Der Herr segne dich,
er erfülle deine Füße mit Tanz,
deine Arme mit Kraft,
deine Hände mit Zärtlichkeit,
deine Augen mit Lachen,
deine Ohren mit Musik,
deine Nase mit Wohlgeruch,
deinen Mund mit Jubel,
dein Herz mit Freude.

So segne dich der Herr!

(Altirischer Segen)

Möge das Licht der Sonne
immer auf deinen Fenstersims
scheinen.
Möge in deinem Herzen die
Gewissheit sein,
dass ein Regenbogen
dem anderen folgt.
Möge die gute Hand eines
Freundes dir stets nahe sein.
Möge Gott dein Herz reich
machen und dich mit Freude
erfüllen.

(Aus Irland)

Möge Gottes Auge
immer auf dich achten.
Möge Gottes Ohr
dir stets zuhören.
Möge Gottes Wort
dich immer begleiten.
Möge Gottes Hand
dich immer beschützen.
Möge Gottes Liebe
immer bei dir sein.

Möge Gottes Auge
_____
Möge Gottes Ohr
_____
Möge Gottes Wort
_____
Möge Gottes Hand
_____
Möge Gottes Liebe
_____

M 1 Willkommensfächer 1

39

Herzlich willkommen im Religionsunterricht

1

Das bin ich

2

Ich bin einzigartig

3

Du kennst meinen Namen.

Psalm 91,14

4

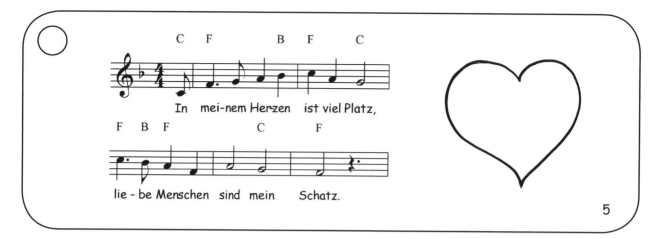

In mei-nem Herzen ist viel Platz, lie-be Menschen sind mein Schatz.

5

Ich habe in mein Herz geschlossen

6

Erntedank

Alle guten Gaben, alles, was wir haben, kommt o Gott von dir, wir danken dir dafür.

7

8

M 3 Willkommensfächer 3

○ Martin sieht den armen Mann

1. bie - tet sei - ne Hil - fe an.
2. und er hilft so - gut er kann.

9

○ Marin
_____
_____
_____
warum?

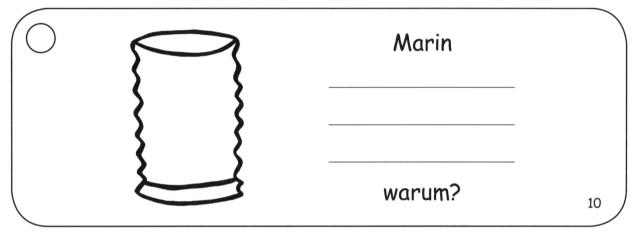

10

○ Im Namen des Vaters,

des Sohnes

und des Heiligen Geistes.

Amen.

11

○ Begleite du mich, auf all meinen Wegen, mit deinem Segen.

Du hast uns deine Welt geschenkt. Herr, wir danken dir.

12

M 3.1.1 Psalmwortmobile

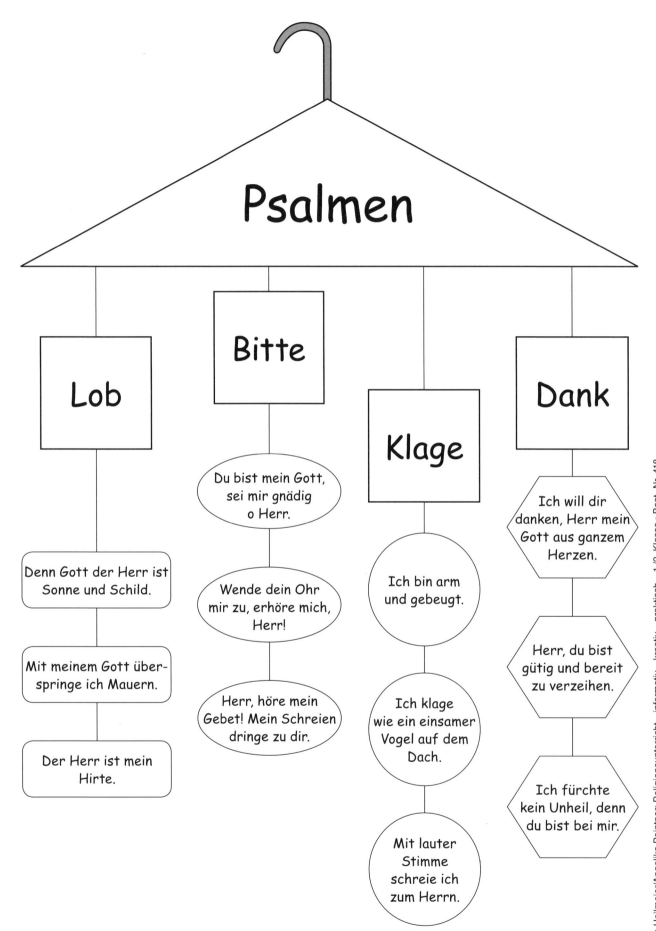

M 3.1.2 Psalmwortmobile

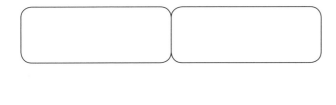
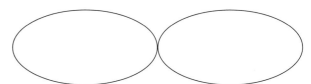
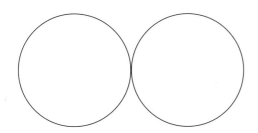
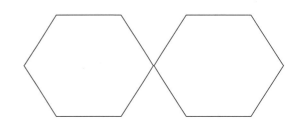

Lob	Lob		Klage	Klage

Dank	Dank		Bitte	Bitte

Denn Gott der Herr ist Sonne und Schild	Ps 84,12a
Ich will dir danken, Herr mein Gott aus ganzem Herzen.	Ps 86,12a
Herr, du bist gütig und bereit zu verzeihen.	Ps 86,5a
Du bist mein Gott, sei mir gnädig o Herr.	Ps 86,3a
Wende dein Ohr mir zu, erhöre mich, Herr!	Ps 86,1a
Ich bin arm und gebeugt.	Ps 86,1b
Mit meinem Gott überspringe ich Mauern.	Ps 18,30b
Der Herr ist mein Hirte.	Ps 23,1
Ich fürchte kein Unheil, denn du bist bei mir.	Ps 23,4
Herr, höre mein Gebet! Mein Schreien dringe zu dir.	Ps 102,2a
Ich klage wie ein einsamer Vogel auf dem Dach.	Ps 102,8
Mit lauter Stimme schreie ich zum Herrn.	Ps 142,2a

Mein Psalmenhaus

Ich bin da

Ich lobe

Ich danke

Ich klage

Ich bitte

M 3.6.1 Psalmworte

Du hüllst dich in Licht wie in ein Kleid. Psalm 104	Du spannst den Himmel aus wie ein Zelt. Psalm 104	Du nimmst dir die Wolken zum Wagen, du fährst einher auf den Flügeln des Sturmes. Psalm 104
Da erhoben sich Berge, da senken sich Täler. Psalm 104	Du lässt die Quellen hervorsprudeln in den Tälern. Psalm 104	Allen Tieren des Feldes spenden sie Trank. Psalm 104
An den Ufern wohnen die Vögel des Himmels. Psalm 104	Aus den Zweigen erklingt ihr Gesang. Psalm 104	Du lässt Gras wachsen für das Vieh. Psalm 104

M 3.6.2 Psalmworte

Die Bäume des Herrn trinken sich satt. Psalm 104	Du hast den Mond gemacht als Maß für die Zeiten. Psalm 104	Du sendest Finsternis und es wird Nacht. Psalm 104
Die jungen Löwen brüllen nach Beute. Psalm 104	Herr, wie zahlreich sind deine Werke. Psalm 104	Die Erde ist voll von deinen Geschöpfen. Psalm 104
Ewig währe die Herrlichkeit des Herrn. Psalm 104	Ich will dem Herrn singen solange ich lebe. Psalm 104	Lobe den Herrn meine Seele. Psalm 104

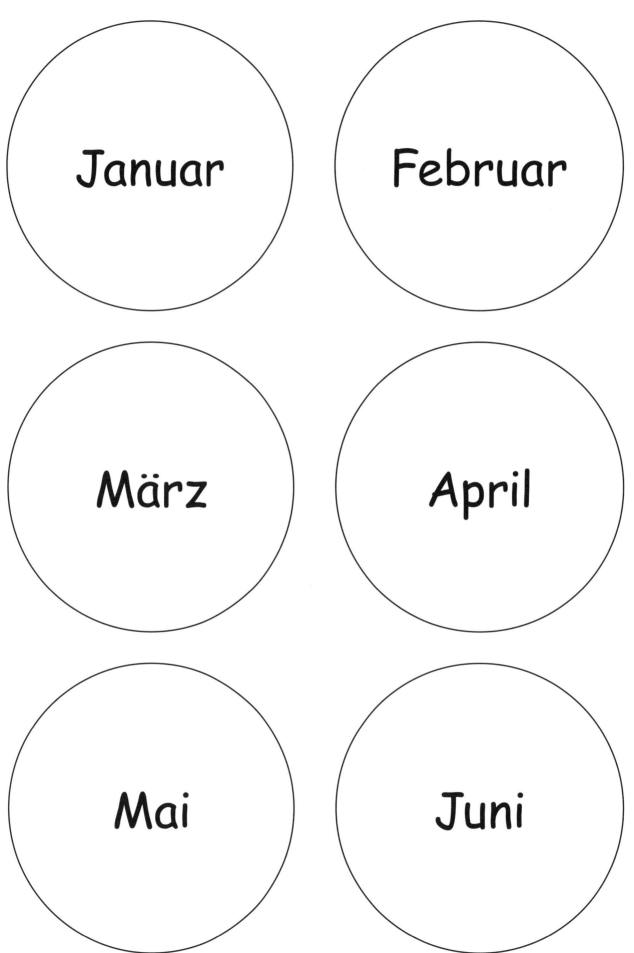

M 4.1.2 Kirchenjahreskreis

Juli

August

September

Oktober

November

Dezember

- Advent
- Weihnachten
- Erscheinung des Herrn
- Maria Lichtmess
- Aschermittwoch
- Palmsonntag

M 4.1.4 Feste im Jahreskreis

Gründonnerstag

Karfreitag

Ostern

Christi Himmelfahrt

Pfingsten

Fronleichnam

- Maria Himmelfahrt
- Erntedank
- Allerheiligen
- Hl. Martin
- Hl. Elisabeth
- Hl. Nikolaus

M 4.1.6 Feste im Jahreskreis

- Hl. Christophorus
- Hl. Lucia
- Hl. Barbara
- Hl. Franziskus
- Hl. Petrus und Paulus

M 4.1.7 Bildkarten

Adventskranz

Krippe

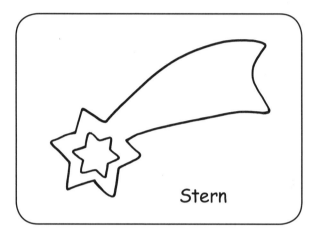
Stern

Kerze

Aschenkreuz

Palmzweig

Brot und Wein

Kreuz

M 4.1.8 Bildkarten

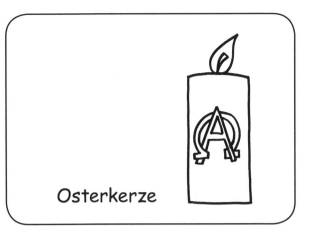
Osterkerze

Wolke

Taube

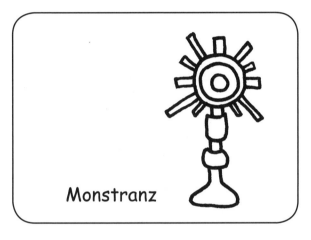
Monstranz

Kräuterbuschen

Erntekorb

geschmücktes Grab

Schlüssel und Buch

M 4.1.9 Bildkarten

Franziskuskreuz

Mantel und Schwert

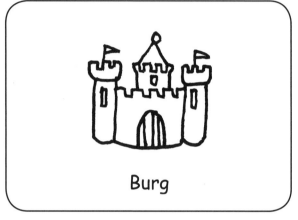
Burg

Turm

Mitra

Lichterkranz

Riese mit Stab

Ostern		Jesus ist auferstanden.
Christi Himmelfahrt		Jesus wird in den Himmel aufgenommen.
Pfingsten		Die Jünger empfangen den Heiligen Geist.
Fronleichnam		Christen zeigen ihren Glauben.
Maria Himmelfahrt		Maria ist bei Jesus im Himmel.

Erntedank		Christen danken für alle guten Gaben.
Allerheiligen		Christen denken an die vielen Heiligen.
Advent		Wir bereiten uns auf Weihnachten vor.
Weihnachten		Wir freuen uns über die Geburt von Jesus.
Erscheinung des Herrn		Drei Sterndeuter finden Jesus und bringen ihm Geschenke.

Maria Lichtmess		Jesus ist das Licht der Welt.
Aschermittwoch		Die 40-tägige Fastenzeit beginnt.
Palmsonntag		Jesus kommt nach Jerusalem und wird wie ein König empfangen.
Gründonnerstag		Jesus feiert das letzte Abendmahl.
Karfreitag		Jesus stirbt am Kreuz.

Hl. Petrus und Paulus		Apostel bringen den Glauben an Jesus in alle Welt.
Hl. Christophorus		Christophorus wird der „Christusträger".
Hl. Franziskus		Franziskus lobt Gott durch die Schöpfung.
Hl. Martin		Martin hat Mitleid mit dem Bettler und teilt.
Hl. Elisabeth		Elisabeth sieht die Not und hilft.

Hl. Barbara		Barbara ist stark im Glauben.
Hl. Nikolaus		Nikolaus sieht die Not und beschenkt.
Hl. Lucia		Lucia hat Mut und hilft ihren Freunden.
?	?	?

M 4.2.1 Adventshaus

- Der Stern zeigt den Weg. — 4. Advent **Stern**
- Engel brauchen keine Flügel. — 3. Advent **Engel**
- In der Dunkelheit leuchtet ein Licht. — 2. Advent **Licht**
- Warten und hoffen — 1. Advent **Adventskranz**

Ursula Heilmeier/Angelika Paintner: Religionsunterricht – informativ – kreativ – praktisch – 1./2. Klasse • Best.-Nr. 418
© Brigg Pädagogik Verlag GmbH, Augsburg

M 4.3.1 Rahmenblatt

		"Einen Sohn wirst du zur Welt bringen mit Namen Jesus."		Maria und Josef gehen nach Bethlehem.		
	"Sei gegrüßt Maria, der Herr ist mit dir."					Maria bringt in einem Stall ihr Kind zur Welt.
Gott schickt den Engel Gabriel als seinen Boten zu Maria.						Ein Engel verkündet den Hirten: "Heute ist der Retter geboren."
	Sterndeuter folgen einem Stern. Sie finden Jesus und bringen Geschenke.			Die Hirten finden Maria und Josef und das Kind in der Krippe.		

Wir Kinder wollen Freude bringen
und von Jesus Christus singen.

Wir tragen mit uns einen Stern
und künden euch die Botschaft
gern!

Vom Heiland, der uns alle liebt,
der gerne seinen Segen gibt.

Helft auch ihr mit euren Gaben,
dass Kinder eine Zukunft haben.

Gott segne euch im Neuen Jahr!
Das wünscht euch die
Dreikönigsschar.

Helmut Groß

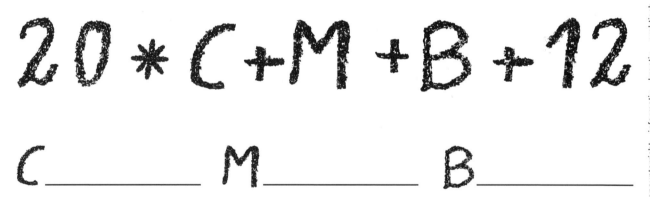

C _____ M _____ B _____

_____

M 4.5.1

Jesus geht den Weg zum Kreuz – Karwoche

M 4.5.2 Palmzweig

> Jesus soll unser König sein.
> Hosianna!
> Amen.

---

1. Jesus zieht in die Stadt Jerusalem ein. Viele Menschen auf der Straße stehn und schrein:

2. Aus ihren Häusern, da kommen sie heraus. Auf der Straße breiten sie die Kleider aus.

3. Von den Bäumen reißen ab sie Zweig und Ast und sie winken Jesus zu wie einem hohen Gast.

4. Jesus hat nicht Diener, er besitzt kein Schloss. Er ist arm, doch in der Liebe ist er groß.

5. Blinde macht er sehend, Lahme lässt er wieder gehn. Wer im Herzen traurig ist, den möchte er verstehn.

M 4.5.4 Tränen

67

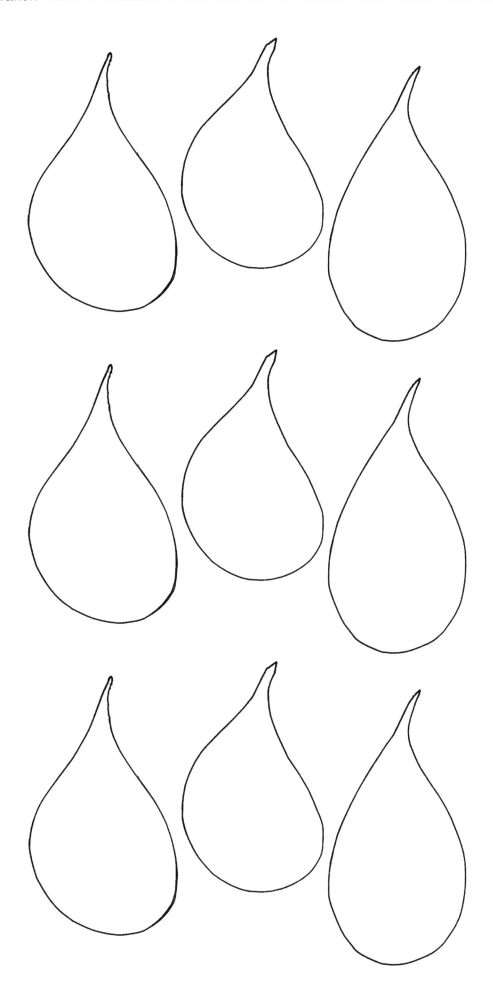

Ostern – Jesus lebt

In der Feier der Osternacht erinnern wir uns an die Auferstehung von Jesus

Vor der Kirche wird das **Osterfeuer** entzündet.

Die brennende **Osterkerze** wird in die dunkle Kirche getragen.

Das **Taufwasser** wird geweiht.

Die Speisen im **Osterkorb** werden gesegnet.

M 4.7.1 Mit Heiligen auf dem Weg sein/Vorder- und Rückseite

Mit Heiligen auf dem Weg sein

Der heilige Franziskus

Franziskus wird vor beinahe 1000 Jahren in der italienischen Stadt Assisi geboren.
Sein Vater ist ein reicher Tuchhändler.
Nach einer schweren Krankheit änderte Franziskus sein Leben. Er liest in der Bibel, betet viel und erzählt den Menschen von Gott.
Er hilft Armen und pflegt kranke Menschen.
Später gründet der Heilige ein Kloster. Am Ende seines Lebens schreibt er das bekannte Gebet: der Sonnengesang.
Der Gedenktag des hl. Franziskus ist der 4. Oktober

informativ – informativ – informativ – informativ – informativ – informativ

kreativ – kreativ – kreativ – kreativ – kreativ – kreativ – kreativ

M 4.7.2a Der hl. Franziskus

Brauchtum und Legende – Brauchtum und Legende – Brauchtum und Legende

M 4.7.3 Der hl. Martin

Der heilige Martin

Martin lebt um das Jahr 330. Er dient dem römischen Kaiser als Soldat. An einem kalten Wintertag begegnet er am Stadttor von Amiens/ Frankreich einem Bettler. Martin teilt seinen Soldatenmantel und bekleidet den Armen.
Nachts begegnet ihm Jesus im Traum.
Später wird Martin getauft und verlässt die Armee. Er wird Bischof von Tours und lebt sehr bescheiden.
Martin reist durch das Land, um den Menschen die Frohe Botschaft von Jesus zu erzählen.
Der Gedenktag des hl. Martin ist der 11. November.

informativ – informativ – informativ – informativ – informativ – informativ

M 4.7.3a Der hl. Martin

kreativ – kreativ – kreativ – kreativ – kreativ – kreativ – kreativ – kreativ

Brauchtum und Legende – Brauchtum und Legende – Brauchtum und Legende

Die heilige Elisabeth

Elisabeth wird im Jahr 1207 als ungarische Königstochter geboren. Mit vier Jahren kommt sie auf die Wartburg nach Eisenach. Später heiratet sie den Landgrafen Ludwig. Elisabeth lebt mit ihrer Familie auf der Burg. Trotzdem erkennt sie die große Not der Bevölkerung und hilft Kranken, Armen und Kindern. Die Botschaft Jesu ist ihr sehr wichtig. Nach dem Tod ihres Mannes muss Elisabeth mit ihren Kindern die Burg verlassen. Sie gründet ein Krankenhaus und pflegt bis zu ihrem Tod kranke Menschen.
Der Gedenktag der heiligen Elisabeth ist der 19. November.

informativ – informativ – informativ – informativ – informativ – informativ

kreativ – kreativ – kreativ – kreativ – kreativ – kreativ – kreativ

Brauchtum und Legende – Brauchtum und Legende – Brauchtum und Legende

Die heilige Barbara

Barbara lebte um das Jahr 300 in der heutigen Türkei. Ihr heidnischer Vater, ein Kaufmann, war viel auf Reisen. Um seine Tochter während seiner Abwesenheit zu beschützen ließ er Barbara in einen Turm sperren. Trotzdem lässt sich Barbara taufen und will als Christin leben. Zum Zeichen für ihren Glauben wird in den Turm ein drittes Fester eingebaut.
Der wütende Vater liefert seine Tochter dem Gericht aus. Barbara wird zum Tod verurteilt.
Der Gedenktag der heiligen Barbara ist der 4. Dezember.

informativ – informativ – informativ – informativ – informativ – informativ

M 4.7.5a Die hl. Barbara

kreativ – kreativ – kreativ – kreativ – kreativ – kreativ – kreativ – kreativ

Brauchtum und Legende – Brauchtum und Legende – Brauchtum und Legende

Der heilige Nikolaus

Nikolaus wird um 280 in Patras/Griechenland geboren. Im Jahr 300 wird er zum Bischof von Myra/Kleinasien gewählt. Er gilt als der Schutzpatron der Kinder, der Schüler, der Ministranten. Er ist ein Bischof mit einem starken Glauben. Nikolaus kümmert sich stets um die Menschen, die in Not sind und Hilfe brauchen. Er legt keinen Wert auf eigenen Besitz, sondern geht mit offenen Augen durch die Welt und hilft und teilt. Der Gedenktag des heiligen Nikolaus ist der 6. Dezember.

informativ – informativ – informativ – informativ – informativ – informativ

kreativ – kreativ – kreativ – kreativ – kreativ – kreativ – kreativ – kreativ

M 4.7.6a Der hl. Nikolaus

Brauchtum und Legende – Brauchtum und Legende – Brauchtum und Legende

M 4.7.7 Die hl. Luzia

Die heilige Luzia

Die heilige Luzia lebt um das Jahr 300 in Sizilien. Durch ihren starken Glauben hat die hl. Luzia Mut und Kraft. Während der Zeit der Christenverfolgung verstecken sich viele Christen in Höhlen vor der Stadt.
Luzia bringt diesen Menschen Licht, Brot, Wasser und Kleider. Um die Hände in der Dunkelheit zum Tragen frei zu haben, setzt sie sich einen Lichterkranz auf den Kopf. Der Name Luzia bedeutet „Lichtträgerin".
Der Gedenktag der heiligen Luzia ist der 13. Dezember.

informativ – informativ – informativ – informativ – informativ – informativ

M 4.7.7a Die hl. Luzia

kreativ – kreativ – kreativ – kreativ – kreativ – kreativ – kreativ – kreativ

Brauchtum und Legende – Brauchtum und Legende – Brauchtum und Legende

Der heilige Christophorus

Der heilige Christophorus ist ein großer, starker Mann. Er macht sich auf den Weg, um dem höchsten Herrn der Welt zu dienen. Zuerst arbeitet er für einen König, dann für den Teufel, später kommt er zu einem Mönch. Dieser betet und fastet mit Christophorus. Doch dieser entdeckt, dass er auf diese Weise Gott nicht dienen kann. Christophorus arbeitet als Fährmann an einem Fluss und trägt Menschen durch die Fluten. Eines Tages trägt er ein Kind auf seinen Schultern. Dieses Kind ist Jesus. Der Name Christophorus bedeutet „Christusträger".
Der Gedenktag des heiligen Christophorus ist der 24. Juli.

informativ – informativ – informativ – informativ – informativ – informativ

kreativ – kreativ – kreativ – kreativ – kreativ – kreativ – kreativ – kreativ

M 4.7.8a Der hl. Christophorus

Brauchtum und Legende – Brauchtum und Legende – Brauchtum und Legende

M 4.7.9

informativ – informativ – informativ – informativ – informativ – informativ

M 4.7.9a

kreativ – kreativ – kreativ – kreativ – kreativ – kreativ – kreativ – kreativ

Brauchtum und Legende – Brauchtum und Legende – Brauchtum und Legende

M 5.1.1 Taschengeschichte

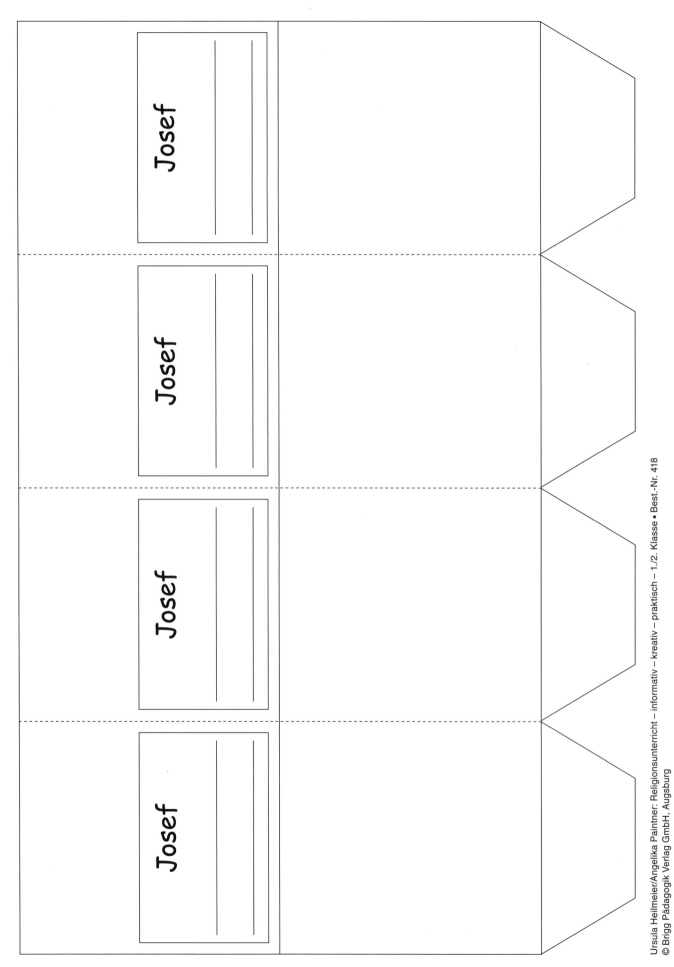

M 5.1.2 Kleid und Sprechblasen

Nil	Träume
Ufer	magere Kühe
dicke Kühe	Pharao
Josef	Gott
sieben gute Jahre	sieben Hungerjahre

M 5.1.4 Wortkarten Josef 2

Aufseher	Ägypten
Korn	Scheunen
Siegelring	feines Gewand
Brüder	gemeinsames Essen
Vater	Ihr habt Böses gegen mich geplant, aber Gott hat es zum Guten gewendet.

Lieber Josef,

im Religionsunterricht habe ich deine spannende Lebensgeschichte kennengelernt.

Ich denke, _____

_____

Ich frage mich, _____

_____

Ich hoffe, _____

_____

Dein(e) _____

M 5.2.1 Wortkarten/Land

- Jerusalem
- Betlehem
- Nazaret
- Jericho
- Jordan
- Totes Meer
- See Gennesaret
- Mittelmeer

M 5.2.2 Symbolkarten 1

M 5.2.3 Symbolkarten 2

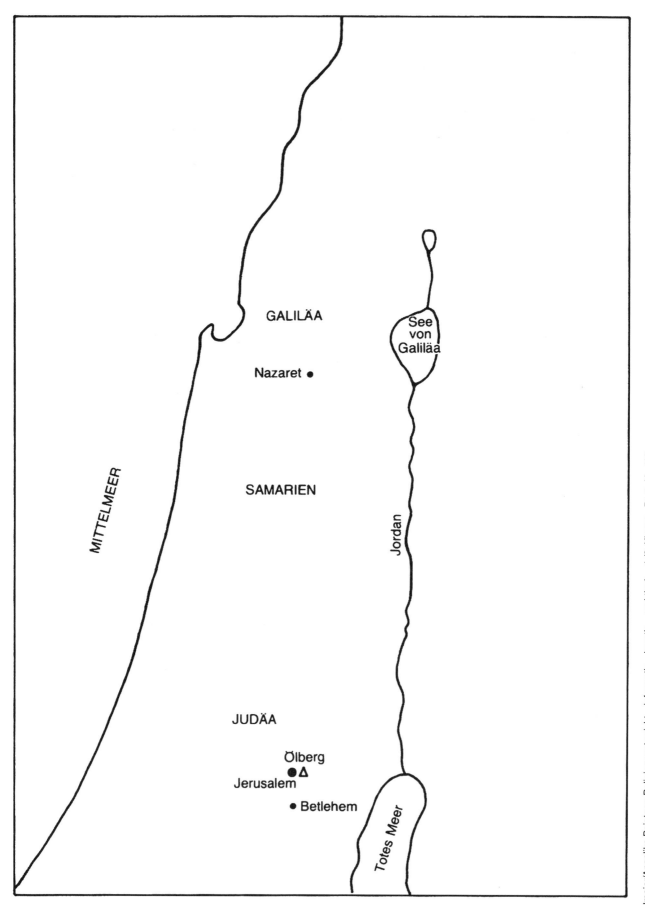

Arbeitsanleitung Pyramidenpanorama

1. Nimm dir vier Quadrate mit 15 x 15 cm Länge
2. Falte jedes Quadrat von Ecke zu Ecke:

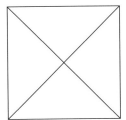 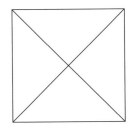 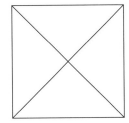 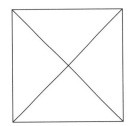

3. Schneide bei jedem Quadrat eine Linie von der Spitze bis zur Mitte ein (siehe Pfeilmarkierung!):

4. Gestalte jeweils die beiden Seitenteile und eine Grundfläche (○)

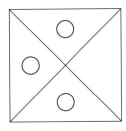

5. Klebe die beiden markierten Grundflächen ☆ übereinander!

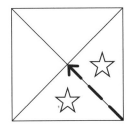

6. Füge die vier Pyramidenteile zum ganzen Pyramidenpanorama zusammen.

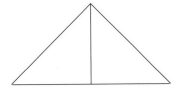

So lebten die Menschen zur Zeit von Jesus

Die Menschen lebten in einfachen Häusern.
Die Tiere lebten meist mit im Haus.

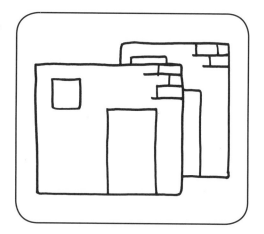

Es gab viele verschiedene Berufe.

Fischer

Töpfer

Bauern

Weber

M 5.2.6b Menschen 2

Soldaten

Zöllner

Schriftgelehrte

Bettler

Kranke

Frauen und Kinder

M 5.3.1 Türanhänger

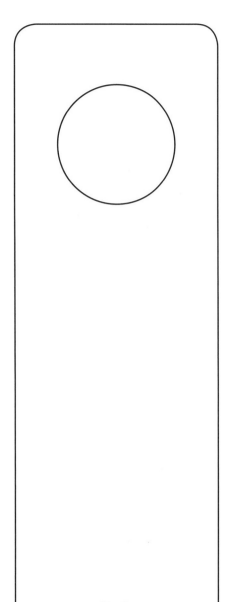

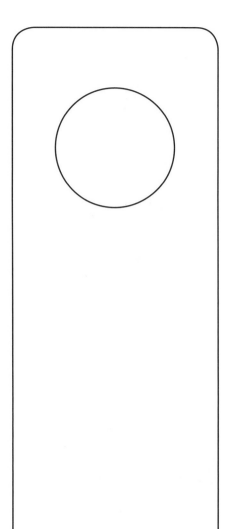

Mein Lieblingstier der Bibel

Meine Lieblingspflanze der Bibel

Jesus

Wo ist Jesus geboren?

Wo lebte Jesus?

Welche Freunde hatte Jesus?

Wie heißt die Mutter von Jesus?

Wie behandelte Jesus Zöllner?

Wo wurde Jesus getauft?

Wie lebte Jesus?

Welche Berufe hatten seine Freunde?

Wie behandelte Jesus Außenseiter?

Wie hat Jesus gebetet?

Wie war Jesus zu Kindern?

Was war für Jesus sehr wichtig?

M 5.5.1 Klappblatt 1

	Essen wie in Israel	Pflanzen der Bibel	Tiere der Bibel	Berufe zur Zeit Jesu

| | Jesus wird geboren | Jesus beruft Freunde | Jesus erzählt von Gott | Jesus hilft Menschen |

Besser mit Brigg Pädagogik!

Vielfältige Kopiervorlagen für einen gelungenen Religionsunterricht!

Ursula Heilmeier/Angelika Paintner

Religionsunterricht informativ – kreativ – praktisch und mehr …

Fantasievolle Ideen zu ausgewählten Themen des Rahmenplans katholische Religion in der Grundschule

3./4. Klasse

92 S., DIN A4,
mit Kopiervorlagen
Best.-Nr. 419

Die zahlreichen durchdachten und praktischen Gestaltungsideen wecken Fantasie, Neugier, Interesse und Verständnis der Kinder an religiösen Inhalten.
Mit wichtigen Hintergrundinformationen, didaktischen Hinweisen, **detaillierten Vorschlägen zur Unterrichtsgestaltung**, gut aufbereiteten Arbeitsblättern u. v. m.

Angelika Paintner

Mit Kindern die Perlen des Glaubens entdecken

Das Wirken Jesu im täglichen Leben deuten und erschließen

76 S., DIN A4,
mit Kopiervorlagen
Best.-Nr. 363

Zu jeder der **10 Perlen des Glaubens** finden Sie in diesem Band grundlegende Gedanken und Hintergrundinformationen, Thementexte aus der Literatur, praktische und didaktische Anregungen zum ganzheitlichen, kreativen Umgang für den Unterricht, Raum für eigene Gedanken und Notizen, abschließende Gebetsgedanken und perfekte Arbeitsblätter. Das **enthaltene Perlenbuch im DIN A5 Format**, das für jedes Kind kopiert werden kann, dient als Arbeitsheft und zur Lernkontrolle.

Juliane Linker

Mein Osterkalender

Fächerübergreifendes Projekt zur intensiven Gestaltung der Passions- und Osterzeit

ab Klasse 3

48 S., DIN A4,
Kopiervorlagen
Best.-Nr. 630

Ein **Mitmach-Kalender** für Kinder mit Mal- und Gestaltungsideen! Dieser Projektband für den **fächerübergreifenden Religionsunterricht** verhilft Kindern zu einem intensiven Erleben der Osterzeit. Durch seinen Aufbau verdeutlicht und vertieft der Kalender die biblischen Ereignisse und Abläufe zu Passion und Auferstehung.

Georg Schädle

Jesus begegnen

Ein Lehrgang für die 1. und 2. Klasse in der Grundschule

144 S., DIN A4,
mit Kopiervorlagen
Best.-Nr. 425

In diesem praxiserprobten Lehrgang wird auf der breiten Grundlage **sorgsam ausgewählter**, vielfältiger biblischer Texte ein in sich stimmiges Gesamtbild von Jesus angestrebt.
Der **klar strukturierte** Band bietet eine Übersicht der Themen, detaillierte Verlaufsmodelle der einzelnen Unterrichtsstunden, ausführliche methodisch-didaktische Hinweise, **umfangreiches Bildmaterial**, Lieder, perfekte Arbeitsblätter, Musterseiten sowie ausführliche Erläuterungen zu Bildern und Texten.

Bestellcoupon

Ja, bitte senden Sie mir / uns mit Rechnung

_____ Expl. Best.-Nr. _____

_____ Expl. Best.-Nr. _____

_____ Expl. Best.-Nr. _____

_____ Expl. Best.-Nr. _____

Meine Anschrift lautet:

Name / Vorname

Straße

PLZ / Ort

E-Mail

Datum/Unterschrift   Telefon (für Rückfragen)

Bitte kopieren und einsenden/faxen an:

**Brigg Pädagogik Verlag GmbH
zu Hd. Herrn Franz-Josef Büchler
Zusamstr. 5
86165 Augsburg**

☐ Ja, bitte schicken Sie mir Ihren Gesamtkatalog zu.

Bequem bestellen per Telefon/Fax:
Tel.: 0821/45 54 94-17
Fax: 0821/45 54 94-19
Online: www.brigg-paedagogik.de

Besser mit Brigg Pädagogik!
Religion kreativ und handlungsorientiert unterrichten!

  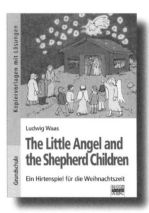 

Zita Frede / Monika Schwenk / Karl-Heinz Schwenk

Religion erleben und kreativ gestalten

Fächerübergreifende Unterrichtsideen zum Hörspielklassiker

„An der Arche um Acht"

3./4. Klasse

64 S., DIN A4,
mit Kopiervorlagen
Best.-Nr. 711

Die Grundlage ist das beliebte Hörspiel „**An der Arche um Acht**". Zu jedem Hörspielteil finden sich **Kopiervorlagen und rhythmisch-musikalische Gestaltungsvorschläge**, mit denen sich die Kinder den Aussagen der jeweiligen Kapitel lesend, nachdenkend, schreibend, pantomimisch, durch Klänge kreativ gestaltend oder in Gesprächen nähern können.

Ingrid Walz / Christoph Riedel

Christliche Werte vermitteln – ganz konkret

Maria Magdalena

Ein handlungsorientierter Unterrichtszyklus

128 S., DIN A4,
mit Kopiervorlagen
Best.-Nr. 715

Nach einer fundierten Einführung in die werteorientierte Religionspädagogik folgt ein **Unterrichtszyklus, dessen Lerninhalte in sechs Doppelstunden** erarbeitet werden. Mit präziser Darstellung des Stundenverlaufs, Kopiervorlagen, sechs Unterrichtserzählungen, Arbeitsblättern u. v. m.

Ludwig Waas

The Little Angel and the Shepherd Children

Ein Hirtenspiel für die Weihnachtszeit

44 S., DIN A4,
Kopiervorlagen mit Lösungen
Best.-Nr. 381

Perfekt für Ihre Adventsfeiern: Ein neues weihnachtliches englisches Schulspiel! Ansprechend gestaltete Szenenbilder führen neue Wörter ein und machen die Schüler/-innen neugierig auf die Geschichte. **Mit deutscher Übersetzung, englischen Songs und Arbeitsblättern.**

Lothar Kuld

Wie Kinder und Jugendliche Religion verstehen

Das Entscheidende ist unsichtbar

104 S., kart.
Best.-Nr. 444

Das Buch beschreibt die **Entwicklung theologischer Konzepte** von der frühen Kindheit bis ins Jugendalter und wie Kinder und Jugendliche durch das Mitmachen und Beobachten ihrer Mitwelt schließlich religiöse Selbstständigkeit gewinnen.

Weitere Infos, Leseproben und Inhaltsverzeichnisse unter
www.brigg-paedagogik.de

Bestellcoupon

Ja, bitte senden Sie mir / uns mit Rechnung

_____ Expl. Best.-Nr. _____

_____ Expl. Best.-Nr. _____

_____ Expl. Best.-Nr. _____

_____ Expl. Best.-Nr. _____

Meine Anschrift lautet:

Name / Vorname

Straße

PLZ / Ort

E-Mail

Datum/Unterschrift   Telefon (für Rückfragen)

Bitte kopieren und einsenden/faxen an:

**Brigg Pädagogik Verlag GmbH
zu Hd. Herrn Franz-Josef Büchler
Zusamstr. 5
86165 Augsburg**

☐ Ja, bitte schicken Sie mir Ihren Gesamtkatalog zu.

Bequem bestellen per Telefon/Fax:
Tel.: 0821 / 45 54 94-17
Fax: 0821 / 45 54 94-19
Online: www.brigg-paedagogik.de